政协恩施州委员会 | 丛书编著

恩施州传统村落
历史文化丛书

来凤县传统村落

政协恩施州委员会
政协来凤县委员会　编著

华中科技大学出版社
http://www.hustp.com
中国·武汉

内 容 简 介

为促进恩施州传统村落保护，弘扬民族优秀传统文化，助推乡村振兴，政协恩施州委员会组织编纂了"恩施州传统村落历史文化丛书"。《来凤县传统村落》作为丛书中的一本，详细讲述了来凤县传统村落基本情况以及村落文化遗产、自然遗产、历史事件、家族人物和传统产业。本书语言通俗易懂、简洁优美，并配以丰富的图片，兼具史料性和可读性，是研究来凤县乃至恩施州民族历史文化的宝贵资料和宣传展示民族优秀传统文化的重要窗口。

图书在版编目（CIP）数据

来凤县传统村落 / 政协恩施州委员会，政协来凤县委员会编著. — 武汉：华中科技大学出版社，2021.11

（恩施州传统村落历史文化丛书）

ISBN 978-7-5680-7668-5

Ⅰ.①来… Ⅱ.①政… ②政… Ⅲ.①村落文化—介绍—来凤县 Ⅳ.① K926.34

中国版本图书馆 CIP 数据核字（2021）第 224076 号

恩施州传统村落历史文化丛书·来凤县传统村落
Enshi Zhou Chuantong Cunluo Lishi Wenhua Congshu · Laifeng Xian Chuantong Cunluo

政协恩施州委员会　编著
政协来凤县委员会

策划编辑：	汪　杭　陈　剑
责任编辑：	汪　杭　陈　剑
封面设计：	刘　卉
责任校对：	刘　竣
责任监印：	周治超
出版发行：	华中科技大学出版社（中国·武汉）　　电话：(027)81321913
	武汉市东湖新技术开发区华工科技园　　邮编：430223
录　　排：	华中科技大学惠友文印中心
印　　刷：	湖北新华印务有限公司
开　　本：	710 mm×1000 mm　1/16
印　　张：	18
字　　数：	279 千字
版　　次：	2021 年 11 月第 1 版第 1 次印刷
定　　价：	998.00 元（共 8 册）

本书若有印装质量问题，请向出版社营销中心调换
全国免费服务热线：400-6679-118　竭诚为您服务
版权所有　侵权必究

丛书编委会

主　　　任：吴建清　刘建平

常务副主任：张全榜

副　主　任：曾凡培　刘小虎　谭志满

成　　　员：郑晓斌　卢智绘　曾凡忠　刘太可　黄同元
　　　　　　邹玉萍　田延初　张真炎　冯晓骏　郑开显
　　　　　　文　林

主　　　编：张全榜

副　主　编：曾凡培　冯晓骏

特邀编审：雷　翔　贺孝贵　刘　刓　董祖斌　刘　权

《来凤县传统村落》
编委会

顾　　　问:	邢祖训　李　伟
主　　　任:	田延初
常务副主任:	滕建刚
副　主　任:	向　莉　彭云宪　廖金芳　张冠华
委　　　员:	伍华银　王书华　龙祖明　陈　平　周子祥　张贤杰
	张昌盛　曾华玉　鲁富成　吴志清　田秀英　邓德武
	吴　勇　游明华　胡玉堂　田明刚　刘亚东　陈小娇
	彭绍军　刘亚军　罗培富　燕　华　谭贤斌　邓国建
	向家林　彭承忠　唐洪波　田绍友　张　翔　周　婷
	唐　俊　张　锐　邓永高
主　　　编:	滕建刚
特约顾问:	唐洪祥　叶明理
特约主编:	龚志祥
副　主　编:	龙祖明
执行编辑:	刘亚东
特约编辑:	滕树勇　赵春峰　黄　康

总序
General Prologue

恩施州传统村落的历史与文化

一

恩施有悠久的历史，早在石器时代就有了原始人的居住聚落。秦汉以后进入溪峒时期，溪峒既是地域特征描述，也是当地的社会组织称谓，相当于当时中原的郡县。但是，溪峒时期及其以前的人群聚落，生产生活方式以"游耕"为主，渔猎采集占较大比重，没有真正形成村落。

关于恩施农耕定居模式的明确记载始于唐代，《元和郡县志》记载，施州领县二（清江、建始）"开元户三千四百七十六，乡里一十六"。这些"乡"是定居农耕人群的管理组织，这种组织机构的建立是朝廷的社区管理进入长江沿岸、清江河谷地区，以及农耕编户聚落即村落形成的间接标志。宋代《元和九域志》记载，施州编户增至"主九千三百二十三，客九千七百八十一"，共19104户。

清江县十乡，建始县五乡，还有当时属归州的巴东县有九乡。两宋时期，巴东、建始、清江三县各乡里的农耕村落，与西南"寄治山野"的羁縻州有明显的体制差异，社会组织形态也有明显差异。经制州与羁縻州之间，还设有一批军事围困防守性质的寨堡，寨丁们亦农亦军。羁縻州的下属溪峒与寨堡只是村落的前身，都不是严格意义上的农耕村落。

元、明及清初，恩施进入土司、卫所时代，只有巴东、建始二县的"乡里"仍然延续农耕村落的发展方式。原先的羁縻州与原属州县的寨堡，陆续分合形成朝廷认可的大小30多个土司。土司下设峒寨之外，也有部分设有"里"（农耕村落组织）。施州军民卫是明洪武后期合并施州的政权形式，保留了原有的市郭、崇宁、都亭三里，原有的农耕村落应该也有部分保留。施州卫、大田所广泛设置于今天恩施、利川、咸丰三市县的屯、堡组织，则是军垦性质的农耕聚落，明末清初逐渐转化为村落。

清朝改土归流，流官政府建立，废除了土司政权及其基层社会组织，也废除了土司所有制，包括对当地百姓的人身自由的控制和对山林土地的占有。普遍设置适合农耕定居生产生活方式的"里甲"组织，革除土司"恶俗"，推行符合"礼仪"的民间制度。改土归流的政治、经济和文化改革，给恩施州农村社会带来空前的巨变，其显著特征是：原本存在于府县地区的乡里村落形式，在原本有很大差异的土司地区和卫所地区进行推广，各地村落的组织结构形态逐步趋同。这次社会变革的重要抓手是土地山林的私有化"确权"、无主荒地招垦移民和家族化浪潮。今天村落的形成大多源自这次社会变革，这也是恩施大多数现存传统村落的起点。

恩施农耕社会传统村落的繁荣始于清朝道光、同治年间。据统计测算，当时恩施州内已有二十多万户一百三十余万人[1]，基本都是农业人口。传统村落数量没有进行统计，估算应该不少于一万个。譬如当时的恩施县，《恩施县志》（清同治版）记载，已有编户五万余户三十三万七千余人，分为三里二十五甲，下

---

[1] 恩施州志编纂委员会.恩施州志[M].武汉：湖北人民出版社，1998.

设甲长一千六百五十七名、牌头四千七百五十九名。传统村落的繁荣延续超过百年，一直到1949年中华人民共和国成立。

二

中华人民共和国成立后的土地改革以及随之而来的农业合作化、人民公社运动，颠覆性地改变了传统村落的家族性社区结构，而依附于自然环境的农耕生活模式基本没变，传统村落的外部形态基本延续。

改革开放以来，我们在主动迎接全球化浪潮以求富足强盛的同时，也丢失了许多弥足珍贵的文化遗产。社会文化转型，尤其是在改革开放以来的工业化、城市化发展浪潮中，传统村落建筑及其自然生态、传统乡村生活方式及其文化生态受到极大冲击。我们在享受工业化、现代化成果的同时，却也对蓝天白云、青山绿水和传统文化造成了损害。在反思中寻找和复兴民族优秀传统文化成为全社会的共同追求。

恩施土家族苗族自治州交通相对闭塞，其自然环境和少数民族聚居的社会文化环境，使之产生具有独特生产生活方式和历史文化特色的传统村落。加之几乎与改革开放同步的少数民族自治地方建设及其民族文化抢救保护政策，恩施遭受社会变迁的冲击较缓、较晚，部分传统村落得以保存。尤其难得的是，在部分传统村落中，仍然保存着传统的农耕生产方式和生活方式。传统的人生礼仪、时令节庆仪式，少数民族历史、村落历史和家族历史及其人物故事仍然在传诵。

恩施州传统村落及其文化，曾经得到国内外民族学、文化学学者们的高度关注和赞誉，产生了许多学术研究成果；恩施州传统村落也曾引起文化艺术工作者们的浓厚兴趣，许多优秀作品被创作出来。恩施州传统村落还得到各地"驴友"的追捧；他们远离城市的喧嚣来享受山林乡村的寂静，体验别样的少数民族文化，追寻原始文化遗迹。可见，传统村落是我们的珍贵遗产，是复兴民族优秀传统文化和乡村振兴的重要资源。

三

国家主席习近平强调，"文化自信，是更基础、更广泛、更深厚的自信"。政协恩施州委员会把民族优秀传统文化复兴当作建立文化自信的重要表现，当作恩施州社会建设的重要内容。政协恩施州委员会长期注重本地各民族历史文化资料的收集保存和整理，在完成《恩施文化简史》等历史文化研究著作的撰写、出版之后，又组织各县市政协调查、研究全州尚存的古村落，撰写"恩施州传统村落历史文化丛书"。政协恩施州委员会认为，传统村落是在农耕文化发展过程中逐步形成的，体现了一个地方的传统文化、建筑艺术以及民风民俗，凝结着历史的记忆。对传统村落历史文化的深入调查研究和整理，有着十分重要的现实意义。传统村落是宝贵的文化资源，发掘利用传统村落能为恩施州的社会发展提供坚实的文化支撑；传统村落是地方的历史记忆和社会认知，保存和整理传统村落文化能够更好地满足全州各族人民的文化需求；传统村落还是恩施各族人民适应当地环境、利用地方资源的文化成果，深入挖掘、提炼和传承传统村落文化有利于树立文化自信，更好地建设具有自身鲜明特色的繁荣自治州。

恩施州传统村落的保护工作，开始于21世纪初。2009年，国家民族事务委员会与财政部开始实施少数民族特色村寨保护与发展项目，至2019年公示第三批中国少数民族特色村寨拟命名名单，恩施州辖内被选为"中国少数民族特色村寨"的有49个。2014年，国家组织制定传统村落保护规划，在先后公布的五批中国传统村落名单中，恩施州共有81个村落被列入中国传统村落保护名单。恩施州曾经拥有数以万计的传统村落，其中基本保持原貌和内部结构的村落仍有上千。从2018年开始，政协恩施州委员会会同八县市政协一起策划、编写"恩施州传统村落历史文化丛书"，上述"中国少数民族特色村寨"和"中国传统村落"是本丛书主要选录的对象（两者之间有部分重合）。丛书选录并单独编写的代表性传统村落有98个，非单独编写的特色村落有83个。其中"中国传统村落"68个，约占据恩施州全部名录的84%；"中国少数民族特色村寨"30个，约占恩施州全部名录的61%。这说明有代表性和典型性是本丛书编写的一个重要特征。

这些传统村落大多远离城市，广布于恩施州八县市的山川密林之中。本丛书编写者一一调查寻访，对村落历史渊源与文化特征的描述不仅来自地方文献记录，更多来自编写者的实地观察探访和居民们记忆口述。这也是这套丛书编写的特征之一。

按照政协恩施州委员会的部署，各县市分卷都采用招标方式确定具体编写队伍，编写队伍大都由长期从事乡村研究的高校专业人员担任，由各市、县、乡文化专家共同组成编写班子。内容的专业性、作者宽广的视野，是这套丛书编写的又一特征。

四

恩施州的传统村落有多种类型，相互之间差异显著。差异产生的原因至少有以下几个：一是经历过不同的发展路径，其文化内涵的民族性、区域性有较大差异。二是处于不同的生态环境。恩施在崇山峻岭之中，河谷坪坝、高山草甸交错，气候物产各不相同，形成差异极大的生产生活方式及相应的居所结构和聚落形态。三是不同的民族文化传统。恩施州是多民族世代共居的共同家园，有世居于此的土家族，也有明末清初陆续迁入的苗族、侗族，还有明初迁入的卫所军户。不同的文化传统产生不同的生活方式，形成不同的民居建筑形式和特色聚落。四是不同的商贸和文化联系。恩施古代社会与外界联系主要依靠通航的河流和盐道，长江、清江、酉水、乌江，加上通向川东的盐道，与湖湘、川东以及贵州有较多的经济、文化联系。外界交往联系附带着人群的移动迁徙，也使相关区域的村落带有浓浓的域外文化特色。

这些多样性特征体现在传统村落的文化内涵之中。传统村落文化可以分为物质文化、制度文化和精神文化三类，具体表现为六种：

一是村落选址及其周边环境。不同民族对于环境与土地资源有着不同的认知。譬如土家族有着狩猎采集和游耕的传统，他们偏爱林间坡地。卫所军户大多来自长江中下游，又有武力支持，占据河谷坝子，建立屯堡。而侗族移民喜欢开发弯曲平缓的小河、小溪等小流域。自然环境不仅是村落文化得以发展的空间，也是村落文化的重要组成部分。

二是生产生活方式。传统村落社会的重要特点之一是自给自足，是在特定的环境空间中建立一个完整的生产生活系统。不同的民族文化传统与不同的地理环境相结合，形成村落各自不同的生产生活方式，这是村落文化生成的基础。传统村落不仅是人们的生活居住空间，还是他们的生产空间。

三是社区结构。传统村落的主体是人，村落成员扮演着不同角色。不同时代、不同民族文化传统、不同生产生活方式的村落，村落共同体的构成有差异。这种差异体现在村落成员的相互关系上，也体现在村落建筑的结构和分布上。

四是习俗体系。传统习俗是乡村社会的文化制度，起到传承历史记忆、规范言行举止和提供善恶准则的作用。主要体现在时令节庆和人生礼仪上，几乎无时无处不在的礼仪和禁忌，很能体现民族的历史文化传统。

五是宗教信仰。村落内部有自然神灵崇拜和祖先崇拜性质的民间信仰。具体表现为除思想观念的信仰外，还有仪式活动和举办仪式活动的场所。

六是文学艺术。主要表现为民间故事和歌谣，还有原本流行于市井的说唱曲艺等类型的民族民间文艺。由于当下社会对非物质文化遗产的重视，原本依附于各种仪式的民族、民间艺术成为传统村落的文化内容。

上述历史渊源和文化内涵，理论上普遍存在于各个传统村落之中。不过，社会发展与转型及其相应的城市化浪潮，已经不可逆转地发生在每个地区，包括文化遗存相对较多的传统村落。今天的传统村落更多只是历史的遗存。因此，我们能够挖掘和保护的历史文化传统，可能只是残缺的碎片，甚至只有历史记忆中非常短暂的片断。

五

如何再现传统村落的历史场景，讲好逐渐远去的传统村落历史与文化故事，是丛书编委会追求的目标。

对于已经选定的某个传统村落而言，首先是梳理村落形成、变迁、繁荣以及衰落的历史过程。不同的历史时期，不同的自然环境，不同的文化生态，会形成不同的村落形态，包括各种物质设施和文化制度。

其次是挖掘保护尚存的历史文化遗迹，包括物质和非物质文化遗产。对文化遗产，特别是民居建筑这类物质文化遗产，当地已经进行了比较全面的调查和保护。对于其他类型的物质文化遗产和非物质文化遗产，还有大量的工作要做。

再次是分析评估传统村落的文化意义价值，特别是时代类型和民族文化类型的代表性意义。评估其价值需要更加广阔的视野，需要站在整个区域甚至整个民族的高度进行评估。

最后是为珍贵的历史遗迹建立系统性的档案，并在村民中形成共识。这是对民族复兴和乡村振兴的文化支持，是保证宝贵文化资源得以开发利用必须要做的，也是进一步挖掘和更好地保护村落文化遗产必须要做的。

政协恩施州委员会长期关注民族历史文化的保护抢救，并充分利用人才优势，不断组织推动各种文化史料的编写出版，"恩施州传统村落历史文化丛书"就是众多成果的其中一项。希望借此为推动民族文化复兴尽一份绵薄之力，为推动乡村振兴贡献一份力量。

"恩施州传统村落历史文化丛书"编委会
2021 年 10 月

前言 Preface

乡村振兴是党的十九大提出的一项重大战略决策，是新时代"三农"工作的总抓手。来凤县政协（政协来凤县委员会）在县委的领导下，在恩施州政协（政协恩施委员会）的精心指导下，注重文史传承功能，积极组织力量编写《来凤县传统村落》文史资料，服务乡村振兴，为来凤县全面建成小康社会作出重要贡献。

来凤县历史悠久，考古发现人类活动遗迹远至商周时期，拥有辉煌灿烂的传统文化。雍正年间，凤鸣于半边城翔凤山，凤集于此，此为来凤县名由来之始。来凤县地处武陵山区的核心地域，东邻湘西，西接渝东，历来是鄂湘渝黔边区重要的物资集散地，史称"川湘肘腋，滇黔咽喉"，为湖北省的"西大门"。悠悠酉水河从北至南纵贯县域东南部，酉水河水系发达，县境共有老虎洞河、新峡河、老峡河、怯道河等支流，河网密布，奔流在青山翠谷间。河谷多盆地、坝子，土地肥沃，各族人民勤劳智慧，辛勤耕耘在来凤大地上，守护家园，寨连寨，村连村，团结友爱，村村寨寨如璀璨的明珠镶嵌在河流与群山之间，传承文脉。

　　来凤县传统村落文化建设始终坚持"保护为主、抢救第一、合理利用、加强管理、继承发展"的理念，怀着对优秀传统历史文化的敬畏之心，统筹好传统文化保护传承与经济社会发展的关系，走文旅结合之路，始终坚持用新发展理念指引乡村振兴，建设美丽家园。

　　来凤县的传统村落保护工作，成绩斐然。截至2019年底，来凤共有16个具有重要保护价值的村落列入中国传统村落名录。自恩施州政协2018年启动"恩施州传统村落丛书"以来，来凤县政协迅速组织力量编撰《来凤县传统村落》一书。摸清家底，把散落在来凤大地上那些星罗棋布的传统村落文化要素，以科学的方法归纳整理成村志形态且具有传承价值的篇章，是具有深远意义和价值影响的文化工程，这是来凤县实施乡村振兴战略的一项基础工作。传统村落调查是一项艰苦的工作，仅凭热情和勇气是不够的，需要积极务实的精神。来凤县政协以强烈的使命感、紧迫感和文化担当意识，历时两年半，圆满完成了《来凤县传统村落》一书的资料收集、田野调查和编撰工作，全方位展示出来凤县传统村落的自然风貌、人文历史、生产生活方式、民风民俗、生计物产、重要历史事件、村规民约、古建古迹等。编撰人员在此期间非常辛苦，走遍来凤的山山水水，穿村过寨入户了解传统村落的历史，拍摄古建筑的细节，深入挖掘、整理传统村落的资料，还原其历史风貌等。来凤县政协这次传统村落调查，还发掘发现了传统村落一些有价值的文化信息，有些还成为填补来凤村落历史文化空白的珍贵资料，为保护传承传统文化、助推乡村振兴提供了文化基础。

　　来凤县政协高度重视本县优秀传统文化，系统挖掘和梳理传统村落文化蕴含的思想观念、人文精神、道德规范，结合时代要求继承创新，尤其注重继承、弘扬、提升本县的革命文化、红色文化，传承爱党爱国的优良传统。《来凤县传统村落》深度挖掘传统村落的爱国故事、红军英雄事迹，培育和践行社会主义核心价值观，让传统村落展现出永久魅力和时代风采。

　　来凤县政协紧扣"建设各民族共有精神家园"这个主题来统筹《来凤县传

统村落》的采编与撰写工作,讲好村庄故事,促进各民族交往交流交融,守望相助,邻里相亲,铸牢中华民族共同体意识,促进各民族紧紧拥抱在一起,共建美好家园,共创美好未来。

是为序

恩施州政协副主席、中共来凤县委书记 邢祖训
2020 年 12 月

目录 Contents

概述 1

走近 23

 佛潭映月——仙佛寺村 24

 舍巴故里——舍米湖村 45

 红色土地——板沙界村 69

 五水汇流——五道水村 85

 土司故里——腊壁司村 100

 洞天福地——冷水溪村 112

 三省守望——兴安村 122

 阿塔峡湾——渔塘村 143

倚栏酉水——南河村 162

因姓获名——田家寨村 178

古树人家——杨梅古寨 194

一体两翼——鼓架山村与土家寨村 212

遗珍 225

参考文献 265

后记 266

概述

/Gaishu/

一、传统村落地理空间

（一）传统村落历史进程

来凤县历史悠久，但清以前无系统的文字记载，靠世代口耳相授，其零星文字散见于"二十四史"以及《清史稿》《湖广通志》等典籍中。建县始自清乾隆元年（1736年），据《来凤县志》（清同治版）载，"雍正年，凤鸣于半边城。半边城在城东不半里，即翔凤山也。土司时期，相传有凤集于此，邑后因之得名"。此为来凤县名由来之始。

（a）隋六系叶纹瓷罐　　（b）唐兽足瓷砚　　（c）宋八耳铁锅

来凤县境内考古发掘的部分文物

1990年9月，来凤县文管所与湘西州博物馆在酉水流域考古，发现商、周、汉、魏至宋元时期古文物遗址和古墓葬21处，发现县境内存在3000多年以前的古文物，弥补文献资料之不足，可见来凤人文历史久远。真正集中集成性记载来凤县历史文化的文献始于清代，清乾隆二十一年（1756年）编纂的《来凤县志》为第一部全面系统记载来凤县历史文化的志书，在此之前已有《卯洞司志》编纂，成书于康熙五十八年（1719年），专门记载卯洞土司治下的山川风物，后有同治五年（1866年）编纂的《来凤县志》，体例更加完备，记述更加详尽，在传承来凤历史文脉、弘扬民族文化方面，起到特别重要的作用。

来凤县传统村落在清代的两部志书中均有记载，但比较粗略。《来凤县志》（清乾隆版）详细列举了散毛、大旺、百户、卯洞、漫水、东流、腊壁七土司所辖之地，改土归流后，始置七土司之地为来凤县，编户十二里，分别是诚一里、元皂里、亨康里、利正里、贞肃里、孝原里、悌恭里、忠崇里、信茂里、智乐里、仁育里、勇敬里。"里"相当于现在的"乡"，十二里共一百二十一甲，甲的地域介于现在的行政村和管理区之间，本书所述的传统村落在一百二十一甲中多有体现。

《来凤县志》(1866—1985)对村落文化记载不多,但涵盖了所有村名,对乡的记载较为详细。

来凤县于1914年始设区乡,1932年前全县21个区,每区若干保。

1933年建区设乡,设4区21乡。第一区(来凤县城),有崇德、礼贤、廉让、节义、雍睦、中和乡;第二区(上寨),有亨康、利正、孝原、大乐乡;第三区(大河坝),有新民、日新、明德、奉法、太坪、共济乡;第四区(百福司),有百福司、智乐、三德、勇敬、仁育乡。1935年9月,改区设署,改乡为联保办事处。全县三个区署:第一区署(县城),原二区亨康、利正划归一区,辖8个联保办事处;第二区署(旧司),原二区孝原、大乐划归二区,辖8个联保办事处;第三区署即原第四区,辖5个联保办事处。

1937年4月,联保办事处由21个合并为16个,即廉让、节义合并为元阜,雍睦、中和合并为贞肃,新民、日新合并为信茂,明德、奉法合并为悌恭,三德并入智乐。另外,太坪更名为忠崇。

1938年,联保办事处再次合并,由16个合并为11个,即崇德、礼贤合并为崇礼,亨康、利正合并为亨利,共济并入悌恭,大乐并入孝原,百福司并入勇敬。

1941年,拆区建乡,全县共11乡155保。

1943年6月,更改乡名,崇礼改为城区镇,元阜改为小河乡,贞肃改为三胡乡,亨利改为茅坝乡,孝原改为高洞乡,悌恭改为申溪乡,忠崇改为新街乡,信茂改为大河乡,智乐改为漫水乡,勇敬改为卯洞乡,仁育改为安抚乡。

1946年,重新调整乡镇区划,整编保甲,11乡148保1476甲。11乡为城关镇、小河乡、茅坝乡、三胡乡、大河乡、漫水乡、安抚乡、卯洞乡、高洞乡、申溪乡(1947年更名为革旧乡)、新街乡。

1947年,实行保甲制,直至1949年。

1950年1月,改保甲制为村组制,全县设6区1镇147村。

1952年底,全县组建农业临时互助组304个。

1953年，全县农业临时互助组发展到3432个，常年互助组发展到106个。

1954年，县委在沙坨、飞机、活水三个乡，试办民主、幸福、红星三个初级农业合作社。1956年，初级农业社发展到473个。在较好的初级农业社中，转办了179个高级农业社。

1957年恢复区制，调整为5区1镇，辖52乡。

1958年实行政社合一，调整为6个人民公社、158个大队、1388个生产队。

1959年调整为154个大队、1478个生产队。

1961年，恢复区制，区辖公社、大队、生产队，共139个大队、1557个生产队。

1975年，撤区并社，共8社1镇、139个大队、1561个生产队。

1982年重新区划，确立公社下设管理区、大队、生产队体制，共8社1镇、51个管理区、159个大队、2036个生产队。

1984年设区建乡，共8区2镇、52乡、202个村民委员会、7个居民委员会、1948个村民小组。

1993年，撤销接龙桥区，并入翔凤镇。

1996年，撤区建乡，共6乡3镇。

2001年，撤销高洞乡，并入旧司乡，共5乡3镇。

2002年，再次调整村建制，全县202个村调整为185个村。

《来凤县志》（1983—2003）载，2003年，全县5乡3镇、181个行政村、11个社区居委会、1931个村民小组。

2003年后虽有变化，但行政体制基本稳定，只是由于城乡一体化进程加快，个别乡改为镇而已，没有实质上的变动。2019年，来凤县乡村行政体制为6镇2乡，即翔凤镇、绿水镇、百福司镇、大河镇、旧司镇、革勒车镇、漫水乡、三胡乡，共11个居委会、185个村委会。

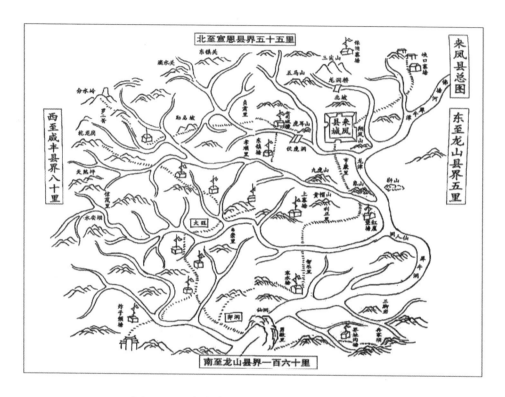

《来凤县志》（清乾隆版）中所绘县域总图

（二）传统村落地域分布

来凤县传统村落的地域分布，受制于古代交通和山川河流地貌影响较多，村庄聚落形成多沿古驿道和河流走向分布。

来凤县东邻湘西，西接渝东，历来是鄂湘渝黔边区重要的物资集散地、湖北省的"西大门"。全境南北狭长，北半部东西稍宽，境内武陵山绵延，由西南向东北横贯全境，酉水河从北至南纵贯县域东南部，东北和东南部沿酉水河岸多盆地和坝子，土地肥沃。酉水河系沅江水系，在来凤县境内流程长达89千米，在现代交通彻底改变物流走向前，历来是进出西南的重要水上通道。酉水在来凤县境内共有老虎洞河、新峡河、老峡河、怯道河等支流，大致从西北向东南曲折蜿蜒汇流入酉水，河网如梳子状在来凤县境展开。

出入来凤的古道多数顺着河流和山脉走向延伸至县域外，古道多有关口和桥梁。1943年《来凤道路调查表》列来凤县城至龙山、宣恩、咸丰、酉阳4条人行大道为县道，并列有8条乡道，总长373千米。最为主要的是经仙佛寺往北通施南府和往东通湖南永顺府的古驿道，其次是经大河和百福司通往重庆酉阳，以及经三胡、革勒车经咸丰县通往重庆黔江的县道，县内无数民间小道连接山川河流，沟通村村寨寨。《来凤县志》（清同治版）记载有19个关隘，如卯洞，地处湖北、四川、湖南接壤要地；老鸦关，通咸丰入川大道；峡口关，通宣恩赴施南大道；分水关（智勇关），通重庆酉阳；龙家垭口、罗二箐等通川东大路；滴水关通咸丰、宣恩、四川等。

川湖大界碑（唐俊 摄）

《来凤县志》（1866—1985）中清代至民国时期所修桥梁统计表

桥名	桥型	桥长/米	桥宽/米	桥高/米	孔数	所属乡	修建时间
龙洞桥	石板拱	12.9	4.9	25.1	1	飞机	清雍正二年（1724年）
朝廷溪桥	石板拱	14.85	2.5	5	1	东流司	清乾隆二十年（1755年）
石梁子桥	石板拱	25	4.3	10.9	1	观音坪	清乾隆二十一年（1756年）
围子坪桥	石板拱	8	4	4.6	1	观音坪	清乾隆二十二年（1757年）
接龙桥	石板拱	86	5.4	9.3	2	土堡	清嘉庆九年（1804年）
鲁家桥	石台木面	9.5	4	3	1	两河口	清嘉庆十四年（1809年）
桥边弯桥	石板拱	15.5	3.4	5.8	1	胡家乡	清道光十六年（1836年）

续表

桥名	桥型	桥长/米	桥宽/米	桥高/米	孔数	所属乡	修建时间
小河坪桥	石板拱	21.4	4.5	8.5	1	沙坨乡	清道光十九年（1839年）
大拱桥	石板拱	19.4	4.25	7.25	1	观音桥	清咸丰三年（1853年）
鲁家桥	石板拱	9.2	2.25	2	1	鼓架乡	清咸丰三年（1853年）
深溪河桥	石台木面	25	8	7.83	2	高山乡	清同治二年（1863年）
茅草坝桥	石台木面	12.5	4.5	5.5	1	上寨乡	清光绪九年（1883年）
马石寨桥	石台木面	4.4	4.5	11	1	旧司镇	清道光十三年（1833年）
绣龙桥	石板拱	8.35	3.49	5.5	1	东流司	民国十一年（1922年）
黔江洞桥	石台木面	9.7	3.7	3.1	1	社潭乡	民国十四年（1925年）
苏家堡桥	石台木面	38	6.8	7.18	3	苏家堡	民国二十九年（1940年）
三寨坪桥	石台木面	9.5	3.18	7.65	1	新坪乡	民国三十六年（1947年）
向家桥	石板拱	20.4	4.0	9.2	1	渔塘乡	清道光十一年（1831年）
迎风桥	石板拱	13	3.8	4.5	1	观音桥	清乾隆二十一年（1756年）
龙家桥	石台木面	28.5	2.65	9.25	2	高山乡	清光绪四年（1878年）

来凤县传统村落就坐落在这些山川河谷之间、关隘之内和古道古桥之旁，河流和驿道经纬交织，构成村落连接的骨架。各族人民在此辛勤耕耘，共融共生，幸福生活，创造出辉煌灿烂的文明，丰富了来凤县优秀传统文化。

二、传统村落文化特征

来凤县传统村落文化特征明显，历史积淀厚重久远，传承体系完整，民风古朴，仁爱谦和，团结互助，具有浓郁的土家族、苗族文化特征，深受儒家文化影响，耕读传家。

（一）土家族苗族文化特征明显，深受儒家文化熏陶

早在3000多年前，土家先民即在酉水河流域开疆拓土、繁衍生息，创造了

古老文明和光辉灿烂的民族文化。

《来凤县志》(清同治版)记载:邑在六属中,最称易治。隶土籍者,悍而直;隶客籍者,谨而愿。又云:邑中风气,乡村厚于城市,过客不裹粮,投宿寻饭无不应者。入山愈深,其俗愈厚。

据《文献通考》,"土司"二字始见于宋徽宗崇宁四年(1105年)王祖道奏议中。散毛宣抚司,是来凤土家族聚居区最早设立的土司。后相继设立七大土司,其中卯洞土司有《卯洞司志》传世,具有很高的研究价值。清道光十七年(1837年)《逾阖邑诸民区种田法家桑山桑蚕法示》记有乾隆初年原编户口土客民共47400余口。据《来凤县统计年鉴》,2019年,来凤县总人口33.44万。全县共有17个少数民族,其中以土家族、苗族为主的少数民族人口占总人口的56%。

舍米湖村民跳摆手舞(1974年)(唐洪祥 摄)

摆手舞是土家族文化的主要载体之一，也是来凤县传统村落文化的重要组成部分。

摆手舞是土家族古老的传统舞蹈，主要流传在鄂、湘、渝、黔四省（市）交界的酉水流域。据《来凤县志》（清同治版）卷三十二转载《湖广通志》记载：

> 施州漫水寨有木，名普舍树，普舍者，华言风流也。昔覃氏祖于东门关伐一异木，随流至那车，复生根而活，四时开百种花。覃氏子孙歌舞其下，花乃自落。取而簪之。他姓往歌，花不复落，尤为异也。

此乃来凤县关于摆手舞较早的文献记载。地处酉水卯洞伏流正上方的梅子坳村有一野生古树，四季开花，花呈白色和粉白色两种，当地百姓视为神奇之树，也不知何时生长于此，来凤县林业部门已实行挂牌保护。

东门关山下有村庄名板寮，一个土家语与汉语混用的地名，板是汉语木板、大木的简称，寮是土家语音译，砍伐的意思。可以印证《湖广通志》记载并非神话，而是真实历史故事。原生态摆手舞主要流行于百福司镇舍米湖村、兴安村等传统村落，摆手堂也多分布在这些村庄，其中茶堰坪摆手堂是一座古老的摆手堂，始建于清嘉庆二十四年（1819年），光绪十三年（1887年）重修，门柱刻"辟土开疆名昭千古，御灾捍患威镇一方"楹联。在来凤县委县政府大力保护下，摆手舞现已推广普及至全县机关事业单位和村村寨寨，成为来凤县公共文化服务体系建设的重要内容，各族人民共建共享。2001年6月7日至9日，来凤县举办"中国来凤土家族摆手节"，21支代表队参赛。2003年6月25日，摆手舞传承人彭昌松被恩施州民委、州文化局授予"民间艺术大师"称号。2008年，土家族摆手舞（来凤）被国务院公布为第一批国家级非物质文化遗产扩展项目名录。2018年，彭承金被文化和旅游部公布为第五批国家级非物质文化遗产项目代表性传承人。

除摆手舞外，三棒鼓、地龙灯也是来凤县重要的文化要素。

三棒鼓又称花鼓，是来凤县各族群众十分喜爱的一种说唱带表演的艺术。花鼓演唱一人或二人均可，比较正规的表演为四人。抛棒者为主演，其面前鼓架上置一小圆鼓，边抛边打边唱。另外三人，一人敲马锣，一人抛刀（刀为三至五把），一人耍"连绞棒"。花鼓表演没有特定的时间，逢年过节，或是婚丧嫁娶、新屋落成、做寿、祝福、田间地头歇气、夏夜乘凉均可打花鼓助兴。三棒鼓在全县各村庄都流行，尤以旧司镇、大河镇最为盛行。旧司镇螺蛳塘村的向前和把三棒鼓整合成一人可以玩耍的独门绝技，尤其是他的抛刀技术炉火纯青，可以盲抛各种飞刀，经常在各大电视台现场表演。

三棒鼓（来凤县文化馆提供）

地龙灯主要流行于旧司乡高洞大岩板、板沙界一带，至今已有数百年历史。表演时，不用木棍举龙，九节龙身的每节均由一人单手抓住龙身内的一圆形竹篾或以头背托龙，另一只手抓住前面人的腰带，表演者上身藏在龙身内，双脚为彩色龙衣所遮。舞动时，全凭感觉和熟练的技巧。龙头前，一人举宝珠，另外一只彩凤在龙的身边飞来飞去。其表演套路主要有"绕圈子""龙起身""龙回首""抢宝戏凤""飞龙桥""龙盘树""龙卧滩""龙走太极图""凤骑龙""龙盘凤"等十多种。地龙灯队多在春节期间表演，演出区域主要是来凤县及周边县市，远及重庆市酉阳县。地龙灯传承人邓斌、三棒鼓传承人田锦杰分别于2003年、2005年被恩施州人民政府（现文化和旅游局）授予"民间艺术大师"的称号。2012年，邓斌被文化部（现文化和旅游部）列入第四批国家级非物质文化遗产项目代表性传承人名录。

民族建筑是来凤县传统村落的一个重要方面。几乎村村有吊脚楼，寨寨有青砖黑瓦的木头房子，建筑融入了土家族、苗族等少数民族的文化元素，部分村寨之间还有风格类似、规模不一的风雨桥相连。百福司镇兴安村8个寨子都有吊脚楼群，保存最好的当属茶岔溪。大河镇拦马山村保存完好的百年传统建筑工艺精湛，而且部分是由金丝楠木建造。2015年从拦马山村整体搬迁至夷水侗乡景区内的金丝楠木古建筑是最具代表性的，其文化价值不可估价。

土家族织锦西兰卡普是土家文化的重要内容。《龙山县志》称土锦"绩五色线为之，色彩斑斓可爱。俗用以为被，或作衣裙，或作巾，故又称岗巾"。《来凤县志》（清乾隆版）称"旧有苗巾苗棉之名，经纬皆绵，丝经者佳然"。《永顺府志》则称斑布即土锦。土人以一手织纬，一手用细牛角挑花，遂成五色。《来凤县志》（清同治版）称花布，"染各色棉纱为经纬，斑然可爱"。《后汉书·西南蛮夷传》记载，武陵蛮"织绩木皮，染以草实""好五色衣服""衣裳斑斓"。

清代织机（唐俊 摄）

土家族织锦工艺独特，以各色丝线作经纬，通过手织完成，织成后无须染色，造型美观，栩栩如生，内容丰富，色彩对比强烈，颜色经久不褪，图案朴素而夸张，写实与抽象结合，极富生活气息，可用作被面、床罩、窗帘、桌布、椅垫、包袱、围腰、艺术壁挂、服装服饰、锦袋等，具有极高的艺术鉴赏性和生活实用性。按土家族的习俗，村庄的女孩从十岁起就要学织西兰卡普，为出嫁做准备。改土归流后，受汉文化影响，西兰卡普开始从生活服装领域淡出，多以装饰类出现，《来凤县志》（清乾隆版）记载，"率多失真，不及古昔钟鼎，家多不用"。

现来凤县传统村落织西兰卡普的专业能手已不多见，但西兰卡普的艺术性和文化性依然熏陶着村庄里的村民，多在传统建筑、手工饰品、传统服饰等领域体现。

2003年10月，土家族青年唐华、唐山姐弟俩，随中国民族文化代表团赴法国参加"中国文化年"开幕活动，走出国门展示西兰卡普。同年，大型织锦西兰卡普《土家女儿会》被中国民族博物馆收藏。出生在渔塘村的土家人刘未香是织西兰卡普代表性人物之一，能编织200多种传统图案，入列恩施州第三批民间艺术大师名录、全省第二批省级非物质文化遗产名录项目代表性传承人。

2003年3月6日下午，时任国务院总理的温家宝参加了十届全国人大一次会议湖北代表团的审议。以人大代表身份参会的恩施州州长赠送了温家宝一套土家大红袍。这套精美的民族服装的西兰卡普花边即出自刘未香之手，缝在胸前的是土家族图腾白虎，装饰领口和袖口的是一种叫"48钩"的传统花样。

来凤传统村落的土家文化特征明显，同时受儒家文化和其他民族文化影响深刻。

《明史》记载：

> 明洪武二十八年六月壬申，诏诸土司皆立儒学。
>
> 弘治十四年，诏土官应袭子弟，悉令入学，渐染风化。不入学者，不准承袭。

在此政策的引导下，来凤儒学发展兴旺，多有人才上榜。明万历时，有岁贡张文焕；明崇祯时，有岁贡张齐廉；清康熙时，有恩贡杨光宣、广文等。儒学在修房建屋、婚丧嫁娶、待人接物方面潜移默化，各民族相互交往，互相学习，形成你中有我、我中有你的文化特征，民族团结，社会和谐，亲如一家。

《来凤县志》（清同治版）风俗志关于节序的详细记载从一个方面反映了各民族交往交流交融，文化互连互通互借互取，构成了来凤多彩的民族文化。

1988年，来凤县获国务院第一次"全国民族团结进步模范集体"称号。至2019年，来凤已经6次被国务院授予该称号。

（二）农耕文化为主，兼具森林文化和畜牧文化特征

来凤县传统村落文化以农耕文化为主要特征，多以族、以姓聚居，通过生产劳动生活交往结成较紧密的社会关系，成村成寨，互帮互助。

据《来凤县民族志》记载，土家族的大姓为覃、田、向、冉、白、彭，分布特点是"所居必择高岭"，主要分布在漫水乡、百福司镇、旧司镇、大河镇等地。苗族的大姓为张、吴、杨、廖、石、龙等，主要分布在百福司镇、三胡乡、革勒车镇一带。迁入较晚的苗族，分布在县城周围，如土堡的张姓，万家塘的吴姓，苗寨沟的李姓、何姓等。汉族主要分布在县城、集镇、军事据点及周围平坝，其他民族散居于各地。

来凤传统村落多以务农为主要生存方式，个别处于交通要道的传统村落在发展过程中，工商业占据一定份额，但土地仍然是村庄的主要生产要素，多种植玉米、水稻及五谷杂粮等，形成了独具特色的农耕文化，体现在民风民俗、节日习俗、礼仪交往等众多方面。如女儿出嫁，嫁妆多与农耕文明习俗有关，而哭嫁歌的内容深受儒家文化影响。又如，来凤民间对气象的观测和总结也与农事活动有关，如"云走东，有雨都不凶；云走西，骑马披蓑衣；云走北，有雨都不得；云走南，阳沟里开船"。

犁铧和渔具（龚志祥　摄）

村民们通过观气象来决定近期的农事安排。《来凤县志》（清同治版）也有记载谚语："三月清明迟下种，二月清明早栽秧"。

村落因日积月累的农耕技术和经验，培育出闻名全国的"凤头姜"及独特的加工技术；还有沈从文先生散文里描写酉水流域的"大头菜"，远近闻名；油茶汤的味道更是一绝，《来凤县志》（清同治版）记载，"土人以油炸黄豆、包谷、米花、豆乳、芝麻、绿焦诸物，取水和油，煮茶叶作汤泡之，饷客致敬，名曰油茶"。油茶汤成为来凤县饮食文化的大餐，家家餐桌必备，隔餐不隔天，不因贫富而短缺，浓淡由人，手艺随心，香味飘荡在村落的上空。

农耕文化与牛有着紧密的关系，来凤传统村落的人们对牛有着特殊的感情，不杀耕牛，让其自然死亡。且为牛设立了一个节日，即每年农历四月初八"牛王节"，大河镇龙潭坪村至今还保存有牛王庙。每逢这一天，村民就筑坛祭祀诵经文，唱歌跳舞，还赶来一头膘肥体壮的黄牛，给它喂精料。这一天村庄里的耕牛都要休息，喝豆浆，喂鸡蛋，以示土家族人对牛的爱护。1992年5月，大河镇举办了土家族牛王节歌会，观众逾万。1995年5月7日（农历四月初八），大河镇举办"牛王节"暨鄂川湘黔四省边区经贸洽谈会，湖北省广播电台到现场直播大会盛况。2000年5月11日，来凤县民委、县文化局（现文化和旅游局）及旧司乡（现旧司镇）政府举办了民间艺术节暨"牛王节"，参加者多达万人。

来凤传统村落在从事耕作的同时，圈养猪、鸡、鸭，放养牛，农闲时还打猎捕鱼、采摘野果等，充分利用大自然给予的恩赐，畜牧文化和森林文化护佑着传统村落的发展。

梅山神是土家族信奉的猎神，以往猎人在打猎之前和打猎之后都要举行"安梅山"的祭祀仪式，供祭狩猎之神"梅山娘娘"。

土家族在除夕之日，有给果树喂年饭的习俗。

部分传统村落的人们还有祭祀古树、大石、大山、河流的习俗等，他们爱山、爱树、爱森林。来凤传统村落多有古树相伴，来凤县的珍贵树木金丝楠木为明代维修宫殿做出了大贡献，特别是明嘉靖年间宫殿的维修，明皇室从南方大量采办珍稀木材，来凤楠木多有采伐，其中少量没有运走的埋于山间谷地和河流两岸，久之成了乌木，尤以金丝楠乌木为贵。明代文学家徐珊（时任辰州府同知）亲自于卯洞督办采木，并著有《卯洞集》传世。

据来凤县林业局统计，2003年纳入普查的古树共727株，2017年普查时又新增古树144株。

各族人民在长期与山川自然的和谐相处中，在吃、住、医等领域充分利用自然，为美好生活增添新的元素。在历史上享有盛名的油桐和油茶栽培及其加工丰富了各族人民的生产生活，桐油质量绝佳，曾在20世纪50年代获得政务院表彰；茶油是土家油茶汤的必备元素，是餐桌美味；而榨油后的茶籽饼（茶枯）是上等农家肥和洗衣用品，天然环保；杨梅古寨的杨梅为人们所喜爱，促成了一年一度的"杨梅节"；野生藤茶转为家培，更是对茶文化和人类健康做出了贡献。

（三）佛教和道教文化影响显著，与原始宗教和祖先崇拜相融

来凤县传统村落受佛教和道教文化影响较大，同时存在祖先崇拜、自然崇拜等原始宗教因素，1949年以来，宗教慢慢淡出村庄人们的生活，社会主义核心价值观深入人心。

佛教传入来凤县境历史久远，仙佛寺村的摩崖石刻佛像群为东晋所造，此为目前发现的来凤境内最早的佛教遗存，也有说此摩崖石刻佛像为唐代晚期作品，但不管是哪个历史时期，佛教进入来凤县的年代都十分悠久，影响深远。

道教形成于东汉，传入来凤县的时间比佛教要晚，但对来凤县传统村落文化的影响尤为深刻，进入村庄的生产生活之中，与原始宗教、祖先崇拜相融合。

在来凤县的村落文化中，佛道一家，融入村庄生活。如梅河村历史上有多座庙观，同时祭祖盛行。

村落多有自然崇拜现象，如红沙田村的两棵古树，常年香火不绝，沟通人与自然的情感，人与自然和谐相处，寄托村民的朴素感情。

来凤自清代建县伊始，就建有城隍庙，在各民族交往、交流、交融过程中，宗教渗透村庄的日常生活。在旧时，不少传统村落中有黑神庙、飞山庙等，不少村庄在七夕节、春节流行请七仙女下凡，村中大小事情多请道士相助，红白喜事请神职人员看日子，修房葬坟相信风水等。可以说，庙观和神龛是传统村庄的要素之一、是村民的情感寄托之处。

中华人民共和国成立后，科学知识普及到传统村落，科学精神深入村民人心，宗教开始退出人们生活，宗教意识开始淡化。村庄里人们的传统观念开始改变，多相信科学技术、科学种地、科学饲养、科学养生，生活质量有了较大提高。通过社会主义精神文明建设，村民的法治意识提高了，现代法治逐步普及。

（四）爱国主义深入村寨人心，红色文化厚重

来凤县是一块红色土地，来凤县人民热爱祖国，敢于反抗剥削和压迫，积极参加革命，争取解放。

来凤县传统村落文化里的红色基因是其主色调，尤其是中国共产党为了建设新中国进行的艰苦卓绝的奋斗深刻地影响着来凤县的村村寨寨，村民积极投身党的伟大事业，为国家、为民族勇于牺牲、勇于奉献，表现出无私无畏的革命精神。

来凤县各族人民的爱国主义精神，可上溯至商周时期的武王伐纣。土司制度时期，历代土司带兵随王师平叛而多次获得朝廷嘉奖。近代以来，来凤人民参与反帝反封建的历史事迹中，最为著名的就是1926年板沙界农民起义，这是中国共产党人早期在来凤县的革命活动，并建立了鄂西南第一支农民革命武装。红军时期，来凤县各族群众积极参加红军，为穷苦百姓打天下。地处三胡乡阳河村老鸦关一带的古道一线是贺龙领导的红二、红六军团忠堡大捷的主战场；红六军团第17师在三胡乡胡家沟阻击战是贺龙带领部队攻打湘西龙山战役的重要组成部分。据《来凤县志》（1866—1985）记载，来凤县共有278人参加长征，长征胜利后，仅生还21人，该书"红军人物录"部分记载了14名红军的事迹，新中国成立后，他们分布在各行各业。现村庄仍然传颂着贺龙的英勇故事，讲述红军亲民、爱民的故事。抗日战争时期，来凤人民积极行动，踊跃参军支前，出动民力修建了来凤机场，各村积极捐献军粮，各村青年奔赴抗日前线奋勇杀敌。1939—1941年的三年时间，日本侵略者先后出动飞机126架次，9次轰炸来凤，炸死39人，伤74人，炸毁房屋694栋3399间，直接受害者3600多人。《来凤县志》（1866—1985）记载了146名来凤抗战阵亡英烈。1949年10月1日，中华人民共和国成立，11月9日，来凤县解放，建立了人民政权，各族人民全身心投入新中国建设。在随后的抗美援朝战争中，来凤县各族人民积极支前，各族青年踊跃参军入伍，奔赴朝鲜战场，用热血谱写爱国主义篇章。

三、传统村落的保护与发展

来凤县传统村落的保护与发展起步早，但由于资金问题，早期只限于对村落的一些重要建筑和文物进行适当保护和简单维修。20世纪50年代，就曾经对仙佛寺村的寺庙、摩崖石刻和佛像进行简单维修和保护，后成功申报省级和国家级文物保护单位。

来凤县真正对传统村落文化进行大规模保护与发展，始于改革开放之后。1982年，来凤县政府修缮了舍米湖摆手堂。1989年11月，百福司红军标语墙、茶堰坪摆手堂开始修复。

1990年1月4日,来凤县摆手堂在县城凤中路旁动工,建筑面积为1860平方米,号称"神州第一堂",1995年4月全面竣工,时任湖北省省长蒋祝平欣然为摆手堂大门的匾额题字。近几年来凤县还对兴安村民族文化院落进行保护维修,包含大宅门、大喇宫、紫阳古院墙、盘顺土司遗址、大屋古学堂遗址、百级老石梯等古遗址恢复性建设及岩科、大屋、中寨等5处吊脚楼群保护性修缮。

茶堰坪摆手堂(彭涛 摄)

来凤县传统村落保护工作主要从民族特色村寨和传统村落两个方面抓落实,对接国家民委的民族特色村寨建设和住建部的传统村落建设。自2009年国家民委、财政部联合开展少数民族特色村寨保护与发展试点工作以来,来凤县有黄柏园、南河、舍米湖、石桥、兴安五个村落纳入国家民族特色村寨目录,先后共四批次纳入湖北省民族特色村寨目录,舍米湖村、黄柏园村、兴安村、石桥村、南河村、五道水村被列入中国少数民族特色村寨。

2012年12月，舍米湖村、黄柏园村被确定为湖北省第一批少数民族特色村寨保护与发展示范村寨，黄柏园村被确定为湖北省第一批"十佳"特色村寨。

舍米湖原生态摆手舞登上中央、省、州电视台，成为宣传推介来凤县民族文化的一张名片。

2012年投资160万元，打造了该村特色民居和文化活动中心，修建了土家吊脚楼样式的村委会，为民俗展览、文艺表演提供了演出平台，为村级办公创造了良好条件。

三胡乡黄柏园村旅游资源丰富，杨梅种植已有上千年历史，是武陵山区杨梅种植面积最大的自然

来凤县城摆手堂（唐洪祥 摄）

村，其中300年以上的古杨梅树就有33株。依托古杨梅自然生态景点，结合吊脚楼的民居改造，投资60万元，打造了黄柏园村的民族特色旅游景点"古梅人家"。同时，沈家大院果蔬种植家庭农场进驻该村，开发了500余亩葡萄园，村民人均增收超过300元。

在特色村寨建设过程中，来凤县注重提升特色村寨文化底蕴，注重对传统土家族文化的保护与发展，注重民族文化旅游和特色产业的培育，打造软实力。

2012年，仙佛寺村的土韵酒楼被评为全州"民族文化进酒店示范单位"。注重民族特色村寨的传统文化事项保护，主要包括以原生态摆手舞为重点的民俗文化，以油茶汤为重点的饮食文化，以仙佛寺为重点的佛教文化，以西兰卡普为重点的服饰文化，以草把龙、野猪灯等为重点的灯文化，以南剧、三棒鼓等为重点的非物质文化遗产等。

2006年11月,以李萍为队长,由来凤县城的干部、企业职工和自主择业人员组成的来凤县原生态摆手舞队成立。这支原生态摆手舞队先后参加了大型民族历史文化展览《多彩中华》《中国NO.1:摆手舞之乡　来凤》等多项活动的拍摄,2017年参与央视《记住乡愁》节目录制,把摆手舞带到了全国、全世界,对推广土家族文化和摆手舞的发扬光大做出了重要贡献。

目前,来凤摆手舞已逐步形成土家文化品牌,走出村庄,多次获奖并走出了国门,在国际舞台展演。"来凤县民族文化丛书"和《常用土家语》相继出版;百福司镇和旧司镇被文化和旅游部授予"民间艺术之乡"的称号。1997年,来凤县成功举办"首届民族艺术节"。截止到2020年12月,有国家级非物质文化遗产项目名录3项、省级11项、州级19项,非物质文化遗产传承人国家级2人、省级11人、州级29人。

自2012年4月国家住房和城乡建设部、文化部(现文化和旅游部)、国家文物局、财政部联合启动中国传统村落调查以来,来凤县坚持"保护为主,抢救第一,合理利用,加强管理"的工作方针,对传统村落有保护价值的物质形态和非物质文化遗产进行统筹保护和开发,促使传统村落的非物质文化遗产得到活态传承,挖掘其文化内涵并做好保护工作,为传统文化研究夯实基础,从而推动传统村落真正成为中华民族的精神家园。

一是修缮传统村落的建筑,在保留原有格局的基础上,对传统建筑基础、梁柱、屋面、门窗及室内地坪和线路进行维护。

二是对传统村落的危楼、危房进行保护性改造,在保持楼房使用功能、房屋结构不变的情况下,对楼房立面、屋面、门窗按传统建筑样式和"修旧如旧"的原则进行修复。

三是提升传统村落防火、防灾的能力,重点做好消防设施建设、防洪河堤建设、道路边坡防护治理。

四是开展传统村落档案信息数据库建设,按"一村一档"的要求建立传统村落基本信息库,对传统村落丰富的历史文化进行数字化处理,切实加强保护与宣传,防止破坏。

国家先后发布五批次中国传统村落名录，截止到 2019 年底，来凤共有 16 个具有重要保护价值的村落列入中国传统村落名录。其中第一批为兴安村、冷水溪村，第二批为舍米湖村、五道水村徐家寨、鼓架山村铁匠沟、黄柏园村下黄柏园，第三批为独石塘村、兴隆坳村落衣湾、渔塘村上渔塘、石桥村，第四批为板沙界村，第五批为冉家村、观音坪村、车洞湖村、田家寨村、梅子垭村。

根据国家少数民族特色村寨保护与发展政策，截止到 2019 年，国家命名了三批中国少数民族特色村寨，三胡乡黄柏园村和百福司镇南河村入选首批中国少数民族特色村寨，百福司镇舍米湖村、兴安村和三胡乡石桥村入列第二批中国少数民族特色村寨，大河镇五道水村成功入选第三批中国少数民族特色村寨。

来凤县在传统村落保护与发展过程中，以乡村振兴战略统筹传统村落保护发展工作，坚持把传统村寨保护发展与美丽乡村建设结合起来，与少数民族传统文化的保护和传承结合起来，与文化旅游和农业特色产业的培育结合起来，与民族团结进步创建活动结合起来，从源头上保护和发展传统村落文化，提升民族文化和区域文化遗产价值，有效整合文化资源，统筹文化、生态、旅游、产业等综合发展潜力，坚持绿水青山就是金山银山，人文与山水协调发展，文旅融合，全域旅游，助力脱贫攻坚，把传统的村落文化特色转化为旅游资源，转化为经济优势，使之成为民族地区生态文化旅游的重要支点，促进鄂西生态文化旅游开发建设，全面建成小康社会，实施乡村振兴战略。

走近

/Zoujin/

来凤县传统村落

佛潭映月

——仙佛寺村

仙佛寺村俯瞰图（唐俊 摄）

一、村落概况

酉水河右岸的摩崖石刻佛像始建于咸康元年，与千年古佛相伴的村落因此获名。

仙佛寺村原名关口村。该村地处来凤县城驻地翔凤镇北郊，距离县城约4.5千米，北依湖北省恩施土家族苗族自治州宣恩县李家河镇二虎寨村，东与湖南省湘西土家族苗族自治州龙山县石羔街镇泗坪村隔酉水河相望，西与翔凤镇小河坪村为邻，南接翔凤镇马家园村，属于两省交界之地。

仙佛寺村地理位置图（黄康　绘）

《来凤县志》（清乾隆版）"疆域志"记载：东北二十里，至关口塘，与宣恩县滥泥坝交界。据此，仙佛寺村有史可考的最早地名叫关口塘。又据《来凤县志》（清同治版）记载：元阜里，东至佛潭河，交龙山县界，距城十五里，又东至关口，交宣恩县界，距城十五里。随着时间推移，地名从关口塘演变成关口。此地过去曾是战略要冲，是进入来凤县的北大门，拱卫来凤县城，越过该村到县城就是一马平川，无险可守。清嘉庆元年（1796年），白莲教教徒与清军曾在此激战，当时王三锡有诗《来凤教匪未靖奉代守硔口寨》记载：

  竹驾窝蓬木扎城，凭高扼要势纵横；

  独怜负戟抛锄者，尽是宣恩义勇兵。

  四野蛙声杂雨声，溪流喧涨客心惊；

  戍楼鼓角忙催柝，数到连敲第五更。

《来凤县志》（清乾隆版）记载：县东十里，下临河石，崖上凿有佛像，故名佛塘崖。佛塘河在佛塘崖下，发源宣恩县忠洞，诸水合近凤寨渡河，出卯洞达辰州。清乾隆年间的地名叫佛塘，清同治年间改称佛潭，佛潭崖下的酉水河也叫佛潭河。早年关口与佛潭地域范围均较狭窄，但都在现仙佛寺村地界内，后逐渐扩大，两个地名范围基本重叠，名称可互换。

1949年11月9日，来凤县各族人民迎来解放，实现了民族大团结，关口的意义淡出了人们的生活。进入社会主义新时代，民族团结进步事业创建上升到新高度，各项事业达到新水平，各族人民安居乐业，一派祥和。顺应时代潮流，反映各族人民心声，加之千年古刹仙佛寺位于关口村，2015年1月6日，经来凤县人民政府批准，关口村更名为仙佛寺村。

仙佛寺村地势较平坦，多耕地少森林，无高山相伴，有丘陵起伏。酉水河自北向南从村东头奔流而下，村庄沿酉水河右岸延伸，209国道穿村而过，把村庄一分为二，恩来高速（恩施至来凤）自西北向东穿过村庄越过酉水进入湖南省龙山县。进入来凤县城的高速公路收费站设于该村。

仙佛寺村国土面积为4.5平方千米，下辖9个村民小组共498户，土家族人口占大部分。村庄格局以209国道为主轴线，沿国道两侧展开，自南向北呈长方形分布，209 国道西侧依次为一、二、三、四、七组，东侧依次为五、六、八组，九组居村庄最北端，跨 209 国道两侧，南依仙佛寺景区。该村土家族、苗族居多，喜欢聚族而居，非常看重姓氏和血缘。整个仙佛寺村大致形成莫家大院（五组、六组）、曹家大院（八组）、肖家大院（三组、四组）、李家院子（七组）、张家院子（九组）的居住格局。但院子之间并没有高墙深锁，分界只是大致的，院落之间互有嵌入，随着道路交通的发展和商业的兴起，院落之间相互攀亲结缘，加之外地人口多因婚姻关系迁入本村居住，原来的传统村落格局进一步改变，杂姓呈增多趋势，但大多都与本村原住村民有姻亲关系。209 国道使商业更加便利，仙佛寺旅游得到开发，原有的居住格局进一步改变，尤其是因扩建仙佛寺旅游景区、高速公路征地以及高速公路与县城之间的来凤大道建设，该村建成了两个安置小区，不仅改变了村庄居住格局，也对村民未来的生活方式产生了影响。

二、千年古寺仙佛寺

仙佛寺村最著名的物质文化遗产当属佛潭的仙佛寺石窟，包括窟檐和摩崖石刻。据《来凤县志》（清同治版）记载，"县东十五里。水深不测，下有神鱼，祷雨立应。上即佛潭岩也"。《游佛潭》诗云："城东古寺压山腹，牟尼隐现珠光圆，飞楼涌殿夺天巧，直自林麓穷其巅"。著名法师昌明方丈曾题诗句于仙佛寺山门："山高益壮志，石窟藏灵根"。

仙佛寺始建于咸康元年。历史上有两个咸康元年，一个是东晋咸康元年（335 年），另一个是五代十国时期前蜀后主王衍的咸康元年（925 年）。但无论是哪一个咸康元年所建，仙佛寺都有上千年的历史，丝毫改变不了仙佛寺的古老。岁月沧桑，斗转星移，仙佛寺摩崖石刻佛像依然屹立于酉水右岸石壁，俯视天下苍生，静观酉水南流。

中国的石窟艺术约始于 3 世纪，5—8 世纪为盛。关于石窟遗迹记载多见于明清地方志和游记中，密集分布于中国北方的广大地域，摩崖石刻地处石窟分

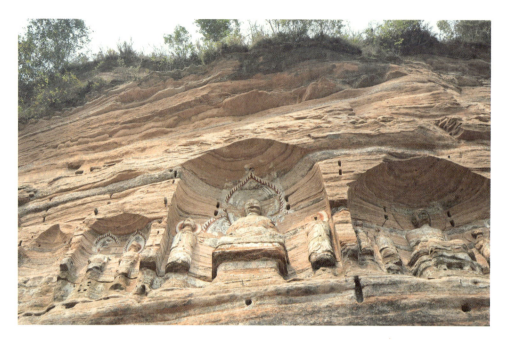

摩崖石刻古佛（吴文勇　摄）

布的南沿，尤为珍贵。中国考古材料证实四川境内有东汉佛迹存在，此乃佛教从云南传入的路径之一，到达来凤县境亦有可能，加之五代十国时期的王衍崇尚道教，因此，人们习惯于认定仙佛寺始建于东晋咸康元年（335年），距今已有1600多年历史。

有专家通过解读仙佛寺摩崖石刻佛像的色彩和技法，认为是唐雕，以此判定是五代十国时期的咸康元年（925年）所建，距今有1000多年历史。不过佛像色彩和造像外形变化也可能是后世礼佛所为，因此无法判定建造时间。摩崖石刻佛像有史记载的是两尊须眉如画的古佛，仙佛寺的摩崖石刻造像工艺精湛，红石壁上雕有弥勒、燃灯、释迦牟尼三尊大佛，每尊佛像高两丈有余，大佛两旁雕有小菩，共计二十五尊，雕刻精细，神态各异，生动雄伟。石像下为中下层，有木质雕神像十尊，共三层木楼，直径为1.5米，还有十二面小鼓、一口大钟、四口小钟。

仙佛寺的确切建立时间仍然是一个谜，待考。《来凤县志》（清同治版）"地舆志"中"古迹"词条记载,"咸康佛,在佛潭岩上……左镌有记,仅余'咸康元年五月'六字,文多不可辩。现字迹全无,乃岩石风化之故"。据说仙佛寺存有一块"咸康碑",后被抛入佛潭河中,了无踪迹。虽然"咸康碑"踪迹难寻,无法从书法角度鉴定其年代,留下无尽憾事,但确信无疑的是,仙佛寺是中国开凿年代较为古远的石窟寺之一,是湖北省唯一的石窟寺,也是武陵山区著名的佛教遗迹之一,其三十余尊摩崖石刻佛像无论是平面尺度格局,还是立体神态展现,均非凡品,世间少有。

仙佛寺(吴瑞生 1958年8月摄)

《来凤县志》(清同治版)记载,仙佛寺位于元阜里佛潭岩,并详细描述了摩崖石刻佛像:

> 咸康佛,在佛潭岩上。峭壁千寻,上刻古佛二尊,须眉如画。古人倚石壁建阁三层,槛外古柏一株,数百年物也。檐际泉飞,四时疑雨,洞壑幽峭,夏亦生寒。从此泛舟,可通官渡。端午竞渡,两岸士女如云。隔溪龙山诸山,若隐若见。樵夫耕者,出入画图,亦奥如亦旷如也。

从清同治时期的县志的记载来看,仙佛寺的称谓在同治五年(1866年)前就已出现,并对寺庙的空间格局和人文自然生态有生动描写,当时的参天古柏已是数百年龄,寺庙也是古寺,一派农耕年华,端午佳节更是盛况空前,当年的关口、关口塘已被官渡取代。从防守对抗的"口"到交往交流的"渡",实现质的飞升,一个划时代的变化,说明当时社会和睦,民族团结,政通人和。

新中国成立后,对文物古迹保护十分重视,仙佛寺的保护迎来了春天。1956年,仙佛寺石窟被纳入第一批全国重点文物保护单位。非常不幸的是,千年古寺的殿舍、楼亭和佛像后均毁坏,现村委会所在地以前是关口小学,修关口小学所用木材就是拆佛堂而来,现小学已撤销,建筑无存。具吊脚楼特征的仙佛寺实乃建筑上品之作,却毁于一旦。佛寺就是佛像的"窟檐",一旦失去就会加速剥蚀佛像。万幸的是,崖壁上的三尊大佛主体因高悬于空,受损较小,造像保存基本完整。后修建佛潭大堰,在摩崖石刻佛像背后开凿隧洞引水灌田,导致佛像常年受水浸蚀,部分佛像斑驳风化,无法挽回,十分可惜。

2014年新修复竣工的仙佛寺(刘钊 摄)

改革开放以后,百业兴旺。仙佛寺重焕青春,游人如梭,盛况重现,每年农历二月十九、六月十九、九月十九会举行三次庙会,万人云集,叩拜观音,礼佛朝圣,仙佛寺成为来凤县远近闻名的佛教旅游胜地。来凤县委县政府十分重视文物保护,通过不懈努力,仙佛寺石窟于2006年成为全国重点文物保护单位。

20世纪,仙佛寺经历过三次维修。1936年,民间集资对佛像、观音堂等进行了维修;1956年,县政府新建一栋走马转角楼,与堂楼相接;1994年,县政府决定对仙佛寺古迹进行修复。21世纪,恩施州委州政府先后提出建设文化大州、文化兴州、旅游兴州战略,为此,来凤县委县政府把仙佛寺文物保护、寺庙修复、景区开发建设纳入重要议事日程,将仙佛寺修复工程作为重点文化旅游项目,全力打造这一著名宗教文化旅游精品。2012年,乘武陵山经济协作区建设东风,来凤县着手打造"艺术土家",修复扩建仙佛寺是其重要组成部分。县委县政府成立仙佛寺景区建设指挥部,从十多家单位抽调专人组成专班,统筹规划,按照国家4A级旅游景区的标准来建设仙佛寺景区。历经三年修建,至2014年一期工程竣工,景区面积达到450亩,年可接待游客400万人次。

2014年10月18日,举行重建开光法会暨观音阁奠基庆典仪式,仙佛寺开门迎客。2015年3月,仙佛寺景区成功获评国家4A级旅游景区。按照仙佛寺旅游景区项目详细规划,建成后的景区分为功能服务区、旅游产业区、宗教文化游览区和酉水观光带,同时建成仿汉唐风格的一条街,与宗教文化游览区相呼应。这次重建后的仙佛寺,在建筑风格、规划设计上传承了历史原貌,且扩大了景区面积,较好地满足各族人民的休闲需求,成为湘鄂渝黔历史文化旅游目的地。

目前的仙佛寺景区从规模、建筑风格到功能分区上都有很大的变化。具体由佛光普照、仙佛映月、翰墨碑林、祥云霞光、奇缘古道、仙佛古寺、佛潭栈道、慈航普渡等景点组成。

1. 佛光普照

佛光普照是一个开阔的广场,面积为45000平方米。石牌坊气势恢宏,八柱七门,雕刻精美。每逢庙会,游客云集,信众朝拜,已成为民俗文化活动中心。

2. 仙佛映月

为信众礼佛的主要场所。按照仙佛摩崖古佛石窟的形制规格，复制了三个大佛龛、一个中型佛龛、十八个小石窟。与"仙佛映月"相互辉映的是"九龙浴佛"，池中九龙喷水为初诞佛陀沐浴，佛祖一手擎天、一手撑地，四大菩萨在周围护持，意蕴深厚。

仙佛映月（彭涛 摄）

3. 翰墨碑林

翰墨碑林位于景区中心的缓坡地带，面积约为1200平方米，上下两边双亭双廊，中间草坪空地为文人墨客树碑展示才华的地方，坐北朝南，建筑为仿古风格。仙佛寺历来文人墨客的题咏不胜枚举，但因时代久远和多次劫难，遗留甚少。翰墨碑林收藏着仙佛寺历代文人雅士、高僧大德墨宝，以及当代诗词楹联大家题咏作品，传承着仙佛寺的诗词文化。现有湖北佛教协会原会长、归元寺之前的方丈昌明，现湖北省佛教协会会长、五祖寺正慈大师等人的十多幅碑文展示。碑刻《仙佛寺复建记》，由本土民俗专家叶明理先生撰写，历数仙佛寺沧桑历史，描绘"佛潭映月"美景，内容翔实，文辞精美。

翰墨碑林（彭涛 摄）

仙佛寺的古韵还体现在文学上，这也是景区建设翰墨碑林的初衷。古人旧作描写仙佛寺的不少，多以诗文见长，《来凤县志》（清同治版）"艺文志"中有部分记载。文以饶建寅《游佛潭记》、张鉴《夏日游石佛潭》、何盛矩《游佛潭》扬名，诗以熊梦祥《佛潭》、张钧《古佛潭》和张鼎《佛潭印月》等闻世。

据《来凤县志》（1866—1985）记载，"古人曾修三层佛寺……古寺上倚绝壁，下临深潭，古木参天，檐际泉水四时溅落，左右洞壑幽深，成为本县避暑消夏胜地，亦以'佛潭映月'的美景而为文人称道"。最具代表性的是咸池县真人流传千古的回文诗，这首诗顺念倒读皆成句，拼拆组合皆成诗，还可删减字数，组成数百首好诗。此首回文诗对"佛潭映月"的美景描写可谓独到，语言清新，意境悠远，但成诗年代不可考。诗的全文如下：

    花开菊白桂争妍，好景留人宜晚天。

    霞落潭中波漾影，纱笼树色月笼烟。

4. 祥云霞光

祥云霞光为仙佛寺景区的最高点，由坐观沧桑、太平盛世鼎等景观组成。每逢晨曦初露、日暮黄昏，这里云蒸霞蔚、祥云瑞气缭绕。山顶观景亭又名"望佛轩"，能坐观云卷云舒，环看峰峦起伏，指点酉水一线，将两岸秀色、田园风光、大地沧桑尽收眼底。

5. 奇缘古道

奇缘古道原是进入古寺的唯一通道，一道卡门当关，护法神和飞天神女雕像栩栩如生。牌楼中柱前镶嵌一幅古联：

    有碑载咸康，百代年月成古寺；

    数世同佛道，三生石上结奇缘。

这里既供佛又信道，游客能到此，也是结下的奇缘。进入门楼，结缘亭依山而建，古往今来，多少享誉全国的得道高僧曾在此讲经布道，普度众生，弘扬佛法，广结善缘。

6. 仙佛古寺

仙佛古寺为仙佛寺景区的核心和精华所在，寺内高逾6米的摩崖造像，与敦煌一脉，同龙门媲美，其规模、水准在两湖地区首屈一指，是研究武陵山区少数民族文化与中原文化交流、湘鄂渝黔佛教文化交流的重要实物佐证。

7. 佛潭栈道

佛潭栈道依山临河，全长860米，宽2米。酉水破峡谷而出，于古寺前汇成方圆百丈深潭，犹如一面巨大的青铜古镜，天际流云和日月星辰倒映其中，尤以月上中天之时，碧波荡漾，钟声袅袅，上下天光，静影沉璧，恍若人间仙境。在此佛潭之畔，人们既可近距离体会"佛潭映月"的美景，又或下河登舟，仰观仙佛，体会到"水中有天行日月，空中无地现楼台"的壮景。

8. 慈航普渡

慈航普渡是一座仿古休息长廊。古朴石舫和56米宽的游船码头辉映成趣，相得益彰。"铁船开江"石舫上雕刻有两幅画图，源于鲁班修佛潭的美好传说，也表达了千百年来土家人征服自然创造福祉的梦想。此处，既可攀登百步石梯，回到佛光普照广场；也可顺流而下，游广袤原野，观如画田园风光。

三、黑神庙

恩施自治州境内的黑神庙很多，来凤县城及漫水乡均有遗址。来凤县城的黑神庙位于仙佛寺村后坪。据《来凤县志》（清同治版）记载，"黑神庙，在元阜里后坪。祀唐睢阳殉难将军霁云"。关于南霁云生前的忠勇和殉节的壮烈，韩愈在《张中丞传后叙》中有详细记载，由此观之，黑神庙乃祭祀南霁云的民间宗教庙宇，是忠烈宫或忠烈庙的俗称。民间称黑神庙缘于两种传说：一为南霁云生来面黑；二为南霁云为炮轰而死，全身被炮火烧黑，故称其为黑神。睢阳之战成就了英雄，英雄被人们赋予超现实的神力，成为人们精神的寄托，最终走向神坛，也是天下苍生对忠义的崇敬和向往。在恩施地区大量存在黑神庙，南霁云被神化为"黑龙菩萨""黑龙王"，庇佑着一方百姓，这或许与其子南承嗣曾在这一带为官，广施仁政善政有关。据《大明一统志》记载，"南承嗣：魏州顿邱人，霁云之子，历施涪二州刺史"。神化为"黑龙菩萨""黑龙王"也印证该村的一个传说，此处有一口塘，塘里藏有一条龙，后来龙游走了，水也干了。

仙佛寺村后坪的黑神庙始建于何时已无法考证。广问村中百姓，大多知道黑神庙的位置，但庙的来龙去脉已无人说得清楚，也不知道是祭祀南霁云将军的，只知道是一座庙，在村民心中的神圣性与仙佛寺等同，都是用来供奉菩萨的，由此看来，随着文化的变迁和宗教的传播，黑神庙逐渐演变成为一座多神合祀的庙宇。据该村的马松云老人回忆，她家的老屋场与黑神庙为邻，黑神庙占地较宽，气势恢宏，山门对着佛潭，与佛潭的差不多大，有钟楼，庙旁有一个天主堂，还有一口古井，修建高速公路时损毁了古井，庙里当时有两个和尚，王和尚和他的徒弟余三娃。两位和尚圆寂后，庙堂无人管理，慢慢荒废。之后，庙宇建筑被彻底拆毁，地基复垦成为良田沃土，众菩萨请至仙佛寺。也有村民说黑神庙比佛潭的庙大；另有村民说它比佛潭的庙小，只有两进。现场考查，黑神庙的遗迹已消失殆尽，只有农田的边缘还可见当年的墙基和路基，存在这样台基的农田约2500平方米，可见当年的香火之旺。庙大庙小的争议已不重要，都成了村民的模糊记忆，淡出了人们的生活，重要的是仙佛寺村的村民继承了南霁云将军的忠勇义胆。

四、古井和佛潭大堰

仙佛寺村对水的运用历史久远，乾隆年版和同治年版《来凤县志》均有记载，前令张公开凿水渠三道，其中一条就是引红岩溪水灌沙坨坪。此地曾有茅草滩之名，成今日之繁华景象，用水历史远比史书记载还要长。位于三组的倒沟过去还有一个碾房，这个水碾方便了本村居民碾谷舂米，后来损毁，现只有一些痕迹留存。现在家家都用上了自来水，但209国道东侧的居民几乎每家都有一口吊井，早先用来饮用，现用来浇地和浆洗。

仙佛寺村现保存古井两口，何时建成，文献皆无可考。其中一口位于209国道东侧，恩吉高速公路下方。

由于前些年被整修过，因此从

仙佛寺村中古井（龚志祥 摄）

井的外貌已无法感知曾是一口古老的井。这口古井过去应是仙佛寺正南端村民取水点，同时供行走在湖南永顺府方向驿道的过往客商饮用。古井水目前已无人饮用，主要被村民用来洗涤物品，井深1.5米，长3.8米，宽1.4米，共两个大小等同的井口，约65厘米×70厘米，井口外有一石坝，坝宽6米，长7米，供村民浆衣洗菜。据村民介绍，这口井在家家拥有吊井之前一直是他们的饮用水源，其重要性不言而喻。

另一口古井位于通往施南府的官道上，要塞峡口寨塘的后方，现在209国道的西侧，地处第三村民小组内，现村委会侧后方，人们称之为凉水井。过去是本村一、二、三、六、七组村民的生活用水之源，井深1.5米，长3米，宽2.5米，亦是被钢筋水泥覆盖，无法感知水井的古老。这口古井的位置特殊，位居来凤通往施南府的古驿道旁，为过往官家客商提供清凉解渴的甘甜泉水。据肖家院子老人回忆，水井上曾有一个茅草屋，肖家的女婿杨云成一家人在此经商，卖油粑粑、米豆腐，提供茶水等。村子的居民普遍认为应该是先有水井，后有驿道，说明凉水井经历的岁月是多么的古老沧桑。

开渠引水是仙佛寺村改造山河的重要历史印迹，已载入史册。《来凤县志》（清乾隆版）"艺文志"中记载：

来邑改县治，类多崇山穷谷，而平原沃野可开垦者不乏。其有水源之逶迤绵亘，可开浚以资灌溉者，莫如元阜里之沙坨坪也。

另外，《张邑侯捐修沙坨坪新堰碑记》亦有详细记载。目前保存较完整的要数佛潭大堰，是来凤县目前可见的历史最悠久、断面最大、效益最好的灌溉渠道之一。渠首引水坝建于宣恩县李家河镇鲤鱼塘，距来凤县城东北方向12千米，大堰拦截酉水河水，从拦河坝右岸盘山开渠，由北向南蜿蜒而行，沿酉水河右岸将水引至沙坨坪。工程于1959年开始，1962年建成通水，使沿渠两岸2900亩农田受益。佛潭大堰工程包括长39.5米、高4.5米的引水坝一座，每秒过水4.95立方米；长6736米干渠一条，其中隧洞2个（共长297米），支渠3条。佛潭大堰自建成以来，为当地农业生产发展提供保障，被沿渠土家人称为幸福堰。

灌溉千亩良田的佛潭大堰（唐俊 摄）

与佛潭大堰相关联的另一工程是佛潭电站，利用佛潭灌渠引水发电，工程于1960年动工，1963年装机两台，共220千瓦，1965年改装125千瓦电机一台，与老虎洞电站联网运行，向县城供电。

五、古驿道和古军事遗址

因仙佛寺村位于县城北，地处龙凤盆地边缘，从北进入来凤县境的关口，战略地位重要，历代统治者均在此设卡派兵驻守。村里曾有两个碉堡（炮楼），分别位于后坪和下坪。1949年后拆毁。位于下坪的碉堡处于古驿道的西侧，用于监视县城和宣恩方向，确保通往施州的驿道畅通，位于后坪的碉堡俯瞰酉水河，地处黑神庙旁边，用于监视县城和龙山方向，确保通往湖南永顺府的驿道畅通。

经过仙佛寺村的两条古驿道，一条通施南府，另一条连接湖南龙山。据1943年的《来凤道路调查表》，来凤至龙山、宣恩、咸丰、酉阳四条人行大道为县道，并列有八条乡道，总长 373 千米。来凤至龙山境内路长 2 千米，路宽 2 尺，拳石路面，途经重要地点就是官渡口；来凤至宣恩李家河境内路长 7.5 千米，路宽 2 尺，拳石、石板路面，途经重要地点小河坪、岩板铺。清乾隆元年（1736 年）来凤县设立铺递机构总铺司，传递军情文秉，总铺司下辖峡口寨等十一铺，峡口寨驻铺兵 2 名。由此可见该村的战略地位不一般。有《来凤县志》（清乾隆版）所录林翼池《峡关传鸿》诗道尽关口塘的意境与价值。

> 《峡关传鸿》
> 地接宣城出郭东，峡塘关外盼飞鸿。
> 烽烟永息千年火，邮路时传万里筒。
> 何处衔芦怜片影？却疑系帛坠林中。
> 征禽不爽随阳字，遵陆清音度远风。

峡口寨塘目前还保留有墙基和较大面积的碉堡残留部分，可惜进出关口的门洞已了无踪迹，早先曾作为佛潭大堰一个支堰的节点使用，现村委会已发现遗址的重要性，确定四至边界，进行了初步保护，可以说是为乡村文化振兴贡献了一处重要的文物古迹。峡口寨塘位于新寨坡，也叫栏杆堡，地处来凤盆地向北陡然升起的高地边缘，因此寨塘前叫下路坪。峡口寨塘地处通往施南府和永顺府两条古驿道的交叉点上，与后坪和下坪两处的碉堡呈三角交叉，互为犄角，进可攻退可守，起着拱卫来凤县城的作用，向北支援施南府，向东关联永顺府，保证两条驿道的通畅安全。从新寨坡这些地名，我们也能感知此地南来北往舟车之繁忙、东出西进商旅交汇之频繁，以及改土归流前作为军事据点的价值。据《来凤县志》（清乾隆版）的《峡关传鸿》绘图所示，峡口寨塘右前方是一个村庄为新寨，左前方是一座兵营和哨塔。《来凤县志》（清乾隆版）对新寨坡的地形地貌和社会态势已有记载：

> 县东十二里，山形横亘，右阻岩谷，左带大河，前俯平畴，后盘曲磴，由来凤至宣恩大道。咸丰辛酉冬，刘方伯岳昭、李总兵复盛，连营于此，以拒发逆。

由此可见关口地位之重要。

关口寨塘遗址（龚志祥 摄）　　　　关口寨塘清乾隆县志绘图

六、非物质文化遗产和红色文化

仙佛寺村地处城郊，承改革开放风气之先，现代化进程相比来凤县其他村庄要快，程度要深，一些传统习俗、民族民间文学艺术失传较早，加之人口流动加快，青年多外出务工，缺少传承人，传统文化保护与传承面临危机。20世纪70年代，村庄节日还有三棒鼓、打莲响、玩采莲船等，村庄龚姓人家还有过赶年的习俗。

尽管从村庄外貌已经体验不到有多少古朴传统的文化习俗存在，但是只要走进村庄，进入村民家里，仍然可以感觉到传统文化对村民生产生活的影响之深远。

仙佛寺村早年有道教信仰，以张家院子为盛，后道教信仰退居其次，村民现多信仰佛教。祖先崇拜仍然是村民精神生活的重要组成部分，家家有神龛供奉祖先牌位。此外，毛泽东思想在村民中的影响深远。

仙佛寺村紧邻县城，现代化进程快，传统的技艺、民俗事项、民间文化消失较早，只有佛教音乐仍然为村民所喜欢。

后红二军团、红六军团在仙佛寺村播下了革命的火种。1935年，红军的一部曾经在后坪驻扎。1935年6月，中国工农红军第二军团、第六军团在湘西龙山县一带开展群众工作，并进行整训和待机，7月10日，红军在官渡口，全歼国民党独立三十八旅"敢死队"，8月初，取得板栗园大捷。马松云老人至今还记得红军官兵曾住在她家老屋，红军队伍军纪严明，一位红军指战员还送给她一个木碗，非常精致漂亮，她一直小心使用。据《来凤县志》(1866—1985)传记篇载，来凤县老红军陈及第、陈斌、陈万正就是来凤县沙砣人，陈及第于1934年加入中国工农红军，在红二军四师十一团任通讯员、看护员、卫生员等。陈斌、陈万正于1935年参加中国工农红军。

七、茶场和天圣石柱

仙佛寺村的制高点，地处村西北，北接宣恩县岩板铺。茶场过去曾办过学校，茶场其实是一条山脉，因山上广种油茶树得名，实行土地承包责任制后油茶树尽毁，现枞树参天，成为该村的一道绿色屏障。这条山脉比较有名的景点是莲花山、蛇头湾、白岩山、天圣石柱等。蛇头湾的蛇头延伸至莲花山下，莲花山曾建有小庙，供奉神灵，这样的自然人文组合，象征意义比较大。白岩是一处悬崖绝壁，呈白色状，来凤通往施南府

天圣石柱（龚志祥　摄）

的官道经白岩山下方一路向北，据传原来计划在此造佛像建庙宇，何故取消而改在佛潭修造不得而知，村中百姓推测可能是交通所限，或者是石材质量问题。

《来凤县志》（清同治版）录有"天圣石柱歌"，系候选训导张均所作，记载了北宋真宗天禧年间（1017—1021年），富州（来凤）、顺州（沙道沟、高罗、李家河一带）夷长田晏入侵施州（恩施），宋刺史领兵直抵富州、顺州，进行围剿，田晏降之，在七女栅前立石柱以分界，正如史载"石柱胡为在此邦，州分富顺境相望"。据考，来凤与宣恩交界处的茶场山上有石柱屹立，高约2米，历久剥蚀，字迹全无，世人称之为界牌，此乃天圣石柱，前几年被雷击，劈为两半，一半尚存，人们称之为雷打岩，已不知天圣石柱为何。攻打田晏发生在天禧年间，清同治版县志称其为天圣石柱，天圣为宋仁宗年号，据此可以推断石柱的政治意义起于天圣年间。歌云：

群山如龙不肯住，飞腾都绕富阳去。一山戴石作虎蹲，上有天圣立石处……南人自此不复反，七女栅前春风满……此物当年在人间，久与咸平镇百蛮。我今驻马寻残柱，洞雨溪风暗二关。

此乃来凤、宣恩两县分界之始，也是宋代中央政权借机进一步扩大对少数民族地区的控制，富州、顺州本是一体，从此一分为二，分而治之。

八、姓氏人物

仙佛寺村的大姓较多，早期多以族而居，因姓形成院落，现居住格局也大致如此，交错居住的民居主要分布在209国道、安置小区和旅游景区外围。

按人口多少计，以肖家院子、莫家院子居首，其次曹家院子、张家院子、李家院子。这几家院子均重家风、重家教、重传统美德，荣誉感强。每族都有族谱记载其筚路蓝缕开启山林历史。张姓人氏祖居地湖南麻阳，1878年从宣恩县岩门口迁入此地，已历经八代，人丁兴旺；曹姓族谱遗失，自述从湖北荆州迁入，具体年代不可考，曹氏一族1949年前相当富裕，据说曹家院子曾有三个大朝门；肖家族谱在1968年丢失，自述从河南萧县（疑为安徽萧县）迁入来凤，从最初的三家人，历经八代达四百多人。

仙佛寺居民乐善好施、心地纯厚，仙佛寺村人杰地灵，是宜居宜业之地。村内各行各业精英涌现，尤以教育界和商界人才居多。

九、村落要事

清乾隆八年（1743年），知县张冲在老虎洞及沙坨倡导修渠引水，调任后百姓为之塑像建祠，岁时祀祈。1936年，群众集资对仙佛寺的佛像和观音堂等进行维修。1956年，县政府新建走马转角楼1栋，与堂楼相接。1994年3月，县政府对仙佛寺进行修复。1956年11月，湖北省人民政府批准，仙佛寺成为省第一批重点文物保护单位。2006年6月10日，国务院批准，仙佛寺石窟成为第六批全国重点文物保护单位。1966年8月下旬，全县开展"破四旧"运动，全省重点文物保护单位仙佛寺佛像被砸，不久仙佛寺寺庙被拆。1991年6月30日—7月3日，来凤县普降暴雨，山洪暴发，仙佛寺发生滑坡险情，该寺后山坡约100米处裂缝长达200米，缝口宽达2米，约5万立方米土石下滑1米。7月3日凌晨约百吨土石下滑至河道，砸毁寺庙僧人的住房、厨房及诵经室等。1994年7月26日—7月28日（农历六月十八至六月二十）连续3天，在仙佛寺举办中国来凤仙佛寺祈祷世界和平大法会，这是在昌明大法师的主持下进行的盛大的佛事活动。2004年8月16日，江西省佛协会长、湖北佛协副会长、九江铁佛寺大法师妙乐，带领弟子208人参加来凤县仙佛寺修复奠基大会并举行法会活动。2012年，来凤县政府决定再次启动仙佛寺复建工程，历时3年，于2014年底全面完成一期工程，仙佛寺面积达到450亩。2015年3月，仙佛寺景区被批准为国家4A级旅游景区。

十、民间传说

仙佛寺村地处城郊，交通便利，南来北往，是民族融合、文化交汇的重要节点。

村庄现有土家族大姓人家系外地迁入，祖上非来凤本地人，在与原住居民田、覃、向、冉、白、彭等姓氏交往中，因居住、姻亲等原因，认同土家族文化，构成土家族的重要组成部分。仙佛寺村附近有一个小地名叫小丈布，说的就是蔡姓人家祖上初来此地，用一丈布交换这块地方居住，但与当地居民交换时，发觉布不到一丈，还差一点，但当地居民也同意成交，帮助蔡姓人家渡过难关。因此故，这个地方就叫小丈布，用以传播土家人乐于助人的事迹，地名沿用至今。

走近

舍巴故里

——舍米湖村

舍米湖村俯瞰图（彭涛 摄）

一、村落概况

舍米湖村隶属来凤县百福司镇,是一个风光秀丽、民风淳朴的土家族村落。2013 年,舍米湖村入选"中国传统村落"。2017 年,入选"中国少数民族特色村寨"。村中保有现存最古老的摆手堂,被誉为"神州第一摆手堂"。"摆手"土家语为"舍巴",舍米湖村以摆手舞发源地而闻名中外,是名副其实的舍巴故里。村委会距百福司镇 13 千米,距来凤县城 60 千米。村落北连本镇合光村,南接本镇冉家村,东邻湖南省龙山县桂塘镇友谊村,西与本镇堡上村交错,并隔酉水河与重庆市五福乡相望,是鄂、湘、渝三省(市)交汇之处。

舍米湖村地理位置图(黄康 绘)

舍米湖村僻处武陵山区腹地,地理位置十分幽闭。公路进山以前,舍米湖到最近的百福司镇和湖南省龙山县桂塘镇均需翻过高山或越过河滩。村子坐落在酉水东岸的一大片背北向南的坡地上,海拔 400 米至 800 余米。海拔 500 米以上的山坡、台地由风化石堆积而成,森林茂密且土壤肥厚,其间有上千亩① 梯

---

① 1 亩 ≈ 666.67 平方米。

田。山腰多清泉、小溪，大小渠堰分布在田间，让这些梯田旱涝保收，是村落存续的根基。海拔500米以下的沟壑则有熔岩发育，多洞穴、河溪、断崖等地貌，十分壮观。

与村中的平缓地势形成强烈反差的是，舍米湖周围20千米内遍布奇山异水。从寨子向北翻过敖家坡，沿山梁走3000米就到了茶堰坪，堡上高耸着一处年代久远的神堂（摆手堂），堡下就是闻名海内外的地理奇观——卯洞。在堡上观酉水从深峡中的卯洞涌出，如巨龙吐水，惊心动魄；向南，寨子隔鸡公岭与湘西八面山相望；往东，站上花鸡坳，诡异幽深的乌龙山大峡谷近在眼前；寨西则是绝壁绵延的酉水河谷，有古道从村中下至渣合溪渡口，过河就是雨灵山，那里是濒危物种尖吻腹蛇（五步蛇）保护区。

舍米湖与陶渊明笔下"不知有汉，无论魏晋"的武陵桃花源相比，不仅地理位置接近，村民生活也十分相似。这种环境使它一直保持着古老的形态，遗存着厚重的古风，成为一个世外天堂、世人向往的"香巴拉"。

21世纪前后，舍米湖的交通条件得到明显改善。从渣合溪乘船沿河上行3千米，就到了百福司镇。金龙滩电站建成后，有渡船和画舫从渣合溪渡口一直通往镇上的三十六步街老渡口和大桥渡口。

舍米湖人多讲土家语。"舍米湖"在土家语中的意思是"阳光好的山坡"，当地人也把它称作猴子多的地方。舍米湖村的村名源出十分久远，具体何时已不可考。酉水上游有很多以"湖"命名的地方，多在山间坡地、平坝中，与汉语所指的湖泊并无直接关系。舍米湖的大族彭氏先祖迁入此处时，这一带并无舍米湖的称谓，只有风岩沟等，舍米湖的名字应为后人偶得。

与酉水流域的许多村寨一样，舍米湖湖水清澈幽静，便于生存繁衍。

与酉水流域多数村寨不同的是，千百年来，舍米湖一直比邻多个土司王的司治，如卯洞司、漫水司等，也长期直面湘西、渝东和鄂西南最凶险的绿林江湖，如乌龙山和八面山的巨匪、三省边界的白莲教等，这样的生存环境，再与一个特殊的人物结合，注定了舍米湖的不寻常，这个特殊的人就是彭相龙，一个隐藏了自己的过去却一直被舍米湖铭记的拓荒者。

据《永顺县志》《来凤县志》《卯洞司志》等记载，一千多年前，酉水上游还是一片蛮荒之地，路险人稀，常有毒蛇猛兽出没。从中原、江南进入武陵山区，唯一可通行的通道就是几条大河。东西走向的酉水因横切武陵山脉，中下游没有高瀑，成为进山的主要通道。大约10世纪，江西吉安的彭姓一族因战祸向湖南迁徙，先是在辰州府（今沅陵）谋得生计，后又从酉水河口过二酉滩、乌宿老码头，上明溪、凤滩，在溪州府（今永顺）站稳脚跟。这支彭姓逐渐拥有自己的军事力量，开启了彭氏在湘西的几百年基业（至改土归流止）。

彭氏一度因不堪中原王朝的苛捐杂税而起兵对抗，被驻守长沙的楚王战胜。后彭氏及所辖各族人群不断沿酉水河干支流上溯，散播到古丈、永顺、保靖、龙山、酉阳等处，在湘鄂渝交汇地带设立了众多土司，成为土家族发展的重要力量。当然，彭姓土司是否来自江西吉安，在学术界仍有争议，也许就是当地土家族人民在接受儒家文化的过程中改汉姓为彭而已，或者江西彭姓移民融入土家族彭姓之中也有可能，加之历代中央王朝对少数民族修谱时同中原腹地的牵绊是持鼓励态度的，这些使得姓氏源流更加扑朔迷离。

舍米湖的彭祖安整理有一本族谱，比较清晰地反映了这支彭姓的迁入、发展路径。

据彭祖安老人介绍，清初，彭姓大量迁入今百福司镇的河东片区，其中一个叫彭相龙的汉子翻过鸡公岭，在敖家坡南坡上的大地坪结棚定居。在彭相龙到来之前，这片数千米宽的缓坡上已有陆姓、曾姓等人家入住，与少数原住山民一起建成了磨刀湾等小寨。彭相龙的到来改变了当地的苦穷状态。

彭相龙可能是为躲避祸乱而到大地坪，他一直没有告诉别人自己的身世和来历。但他与当地人明显不同，他力气大，而且一身技艺，又十分推崇耕读传家的理念，思维异于原住山民。彭祖安说，彭相龙到来后，很快就与陆、曾二姓缔结协定，挽草为界，有了自己的山林与河溪，并很快有了田地。彭相龙在当地娶妻生子，建起了中间大屋。其后又以此屋为中心，逐渐建起了彭家大寨，因他的寨子在大地坪靠里的位置，故取名里头寨。这个名字沿用至今。

彭相龙极重礼序家规，虽避居山野，却时刻不忘教化子孙。在温饱问题尚未很好解决时,他就节衣缩食,率彭林柱、彭金柱二子,及当地其他姓氏的村民,在里头寨旁边山的山腰上修建神堂,供奉先祖彭公爵主及向老官人、田好汉,与大家一起制定礼仪制度,告诫乡人勤奋耕读,不沾赌毒,不搅进江湖。彭相龙还带来了一种优雅而狂放的舞蹈——摆手舞(舍巴),他尽心竭力地向当地人传播,并将此作为山寨礼序的载体之一。

彭祖安老人(滕树勇 摄)

彭相龙仙逝后葬于寨旁。可能是因为他白手起家,又连年修整、供奉神堂,其家境十分清贫,彭相龙的坟冢并未立碑。彭林柱、彭金柱及其妻去世多年后,后人才为他们立碑刻字,保存至今。后人不敢擅动老祖宗的一草一木,至今彭相龙的坟前仍未立碑述传。生而为英,死而为灵,彭相龙虽无豪华的坟茔,却因其创下舍米湖基业、留下舍米湖文脉而成为当地的不朽之灵。

神堂即现摆手堂。神堂整修后,那条山岭就被叫成了神堂堡,一直到今天也没改变过。彭家大寨不断扩展,后又建成磨刀湾、鱼鳞堡、神堂堡等寨子。舍米湖的中心区也移至摆手堂。

1983年庆祝舍米湖摆手堂修复竣工（唐洪祥　摄）

自彭相龙始,彭氏在舍米湖村已传十三代。陆、曾、田、向、陈等姓也传承至今。彭姓成为百福司镇河东片区源流最完整的姓氏。

摆手堂建成后,每逢重要节会都会举行礼乐活动。这一活动延续至今。每次活动,村中男女不分老少必跳摆手舞,这种风气并未因家族兴衰和生存环境变化而改变。现在,每逢农历四月初八牛王节,舍米湖村都要举行重大摆手舞活动。在酉水流域,牛王节是苗族和土家族共同的节日,这也是舍米湖村形成过程中与其他民族特别是苗族的深度交融的表现。

明末清初时期,舍米湖属百户司。乾隆元年（1736年）,因百户司等七土司改土归流设来凤县,舍米湖隶属达德乡勇敬里；1933年隶四区勇敬乡；1946年隶卯洞乡；1952年隶五区；1956年隶卯洞人民公社；1959年隶卯洞人民公社河东管理区。1984年隶百福司镇河东乡。1997年隶百福司镇河东管理区。2004年隶百福司镇。

改土归流后，武陵山区并未安宁下来。相反，各种外来势力和地方豪强你方唱罢我登场，把这片清灵的山水当成了他们角逐争斗的战场。这一带先后经历长达数年的白莲教斗争、一百多年的匪患和军阀战争，周边还经受了侵华日军多年的轮番轰炸。

舍米湖村从建村始，当地村民就以耕种、采摘为主，以山货贸易、工匠为辅，居住房屋则以吊脚木房和石头房子为主。到了今天，村里仍然沿袭着这一传统。家族礼序、乡邻友好相处之道也改变不大，所变化者，仅为流出人口增多，公路等基础设施日益完善。经岁月沧桑、日月洗礼，舍米湖村由一片毒蛇猛兽盘居的野山变成一处人口兴旺、礼乐周全、经济活跃的村落。

舍米湖村中土家族人口占总人口数的比例极大，其中彭姓土家族人口占绝大多数，田姓土家族占总人口数的比例较小。苗族人口占总人口数的比例极小，主要是祖上都是从湖南迁来的张姓、高姓。村里绝大多数的彭姓人口都是由彭相龙一支繁衍下来的。当地老人和不少中年人仍然能讲土家语、唱土家歌、跳摆手舞，但语言中与汉语交融的痕迹较明显。

二、摆手堂和摆手舞

舍米湖的摆手舞远近闻名，穿越亘古历史。摆手舞离不开摆手堂。摆手堂又称神堂。摆手堂是酉水流域土家山寨常见的祭祀、祈福场所，安放着村落的图腾，守着当地的礼制秩序。摆手堂是酉水流域土家文明重要的载体之一。

来凤县百福司镇的摆手堂集中在河东片区，当地几个大寨均建有摆手堂，现存遗迹有六处，在茶堰坪、神堂堡、鸡公岭、中寨、捏车坪等地。这些摆手堂均建于山岭、山坡的高处，视野开阔，便于传声召集，也暗示着摆手堂在村里的建筑中有着至高的地位。其中，舍米湖摆手堂是中国土家族聚集的区域内保存最完整的摆手堂；茶堰坪摆手堂经修复后，也较完整地保持了旧貌。各摆手堂形制类似，均为一堂一院。舍米湖摆手堂以大石砌成，坐西朝东，开一正门、一侧门。院正中有一棵大树。这样既便于供奉、祭祀，也便于跳摆手舞和开展其他集体活动。

据堂外石碑记载，舍米湖摆手堂始建于清顺治八年（1651年）。堂内现存石碑两块，显示它在清道光、同治年间分别维修过，1933年再修。现存的摆手堂占地500余平方米，呈长方形，周围圈以院墙，用大石砌筑。大门位于院墙前方正中，呈牌坊状，两立柱和横楣为长柱形条石，在立柱与横楣接榫处，左右各镶半月形石牙一块，大门与神堂之间是一条石铺甬道，位于院落的中线上，道旁种植高大古柏十余棵，既增添幽静气氛，又便于跳摆手舞悬挂红灯。堂中心草坪上原有一大杉木，用于挂锣鼓，老木倒朽后，现又长出一棵新树，已可使用。神堂的墙壁也是石块砌成，上覆黑瓦，无雕梁画栋和飞檐斗拱，显得简单厚重，与一般佛寺、道观全然不同。神堂有三间屋子，两边为存物、议事场所，中间供奉土家先祖彭公爵主、向老官人和田好汉塑像。据传，塑像由彭家女婿张汉清出资塑成，但是初建时的庙宇已毁，后人复建后，与原样差别很大。大殿门口有一木质匾刻，书"摆手堂"三字。2008年3月，舍米湖摆手堂入选第五批湖北省文物保护单位。

摆手堂正门和堂内供奉的彭公爵主、向老官人、田好汉塑像（滕树勇 摄）

2008年6月，土家族摆手舞（来凤）被国务院列入第一批国家级非物质文化遗产扩展项目名录。

摆手舞是土家族十分具有辨识度的族群符号之一，是中国土家族贡献给人类文明的瑰宝，也是土家族先祖留给现代土家人的礼物。它穿越了这个山地民族的历史源流，承载着她最生动美好、最坚韧厚重的民族品格。

摆手舞在土家族民族认定和土家文明成就的认定方面，都有着独特的、不可替代的价值。

鄂、湘、渝、黔各省市关于摆手舞的发源，至今仍然争议不断。清江流域、澧水流域、酉水流域甚至乌江支流阿蓬江流域的县市，很多都冠上了"土家摆手舞之乡""土家摆手舞发源地"的名号。

在恩施土家族苗族自治州境内，清江流域和酉水流域对摆手舞的形成也存在较大争议。很多学者从《蛮书校注》所载的"巴氏祭祖，击鼓而祭"，以及《华阳国志·巴志》所载的武王伐纣时的巴师阵前歌舞等，推断摆手舞与巴渝舞同源异支，最早出现在周代。但这些观点均属推断，没有任何关于摆手舞的具体的、详细的证明。明嘉靖年间，辰州府同知徐珊住卯洞为修京城太庙督采楠木长达两年之久，期间著成《卯洞集》，数十篇诗、赋、论、答，涉及卯洞的山川河流，以及地区的生产生活、乡风民俗等各个方面，却无一处提及摆手舞或类似的舞蹈，可见当时摆手舞并未在酉水流域定名。《卯洞集》也使摆手舞源自巴渝舞打上问号，因为当时巴文化早已渗透酉水流域上千年。

从舞蹈艺术形成的规律来看，摆手舞的灵感应来自酉水流域的信仰、劳动、生活、兵事，由土司乐舞与民间舞蹈长期融合而成。跳摆手舞的续存有特定的自然环境和人文环境，以前鄂、湘、渝、黔边区的土家人也是跳摆手舞的，新中国成立后已经很难见到了，这与民族融合、土家逐步汉化的人文环境有关。先前清江流域的土家族也有跳摆手舞的，可是新中国成立前后已基本不跳了，这与地理环境及人文环境的差异都有关。

摆手舞盛行于酉水流域、复活于湖北来凤县河东一带和湖南永顺县双凤村，是可以断定的事实。清代《来凤县志》《龙山县志》《永顺县志》对摆手舞都有非常详细、生动的记录。《来凤县志》（清同治版）卷三十二转载《湖广通志》记载：

> 五代时，施州漫水寨有木名普舍树，普舍者华言风流也。昔覃氏祖于东门关伐一异木，随流至那车，复生根而活，四时开百种花。覃氏子孙歌舞其下，花乃自落。取而簪之。他姓往歌，花不复落，尤为异也。

这段文字，生动地记述了一千多年前，漫水土家人围着普舍树跳舞的情景，与后来摆手舞围树而舞的传统十分相近，这大概是关于摆手舞来源的最早记录。这里的漫水即漫水土司，司治在今百福司镇辖区，靠近舍米湖村。永顺县城东19千米处的灵溪镇司城村土司遗址，又称福石城，现已列入世界文化遗产。清贡生彭施铎作的《竹枝词》描写了摆手舞活动的盛况："福石城中锦作窝，土王宫畔水生波，红灯万点人千叠，一片缠绵摆手歌。"

舍米糊摆手舞队
（张祖道 1957 年 1 月 摄）

潘光旦先生（左四）与舍米湖摆手舞队合影（张祖道 1957 年 1 月 摄）

改土归流后两百多年中，由于土司制度的瓦解，在中原文明的强势影响下，摆手舞日渐式微。至民国末年，摆手舞竟已难觅踪迹。

1956 年，卯洞文化馆干部陆训忠、李逢贵到河东采风，发现舍米湖村的彭荣梓、彭祖裘等几位老人能跳一种叫摆手舞的舞蹈，动作或刚劲有力或优雅洒脱。两位采风干部大喜过望，当即拜这几位老人为师，学跳摆手舞，后又通过各种途径推广传播摆手舞。

国务院调研组成员、中央民族学院教授、全国政协委员潘光旦先生等人在武陵山区采风时听说了舍米湖村摆手舞，于1957年1月15日到达来凤县，来凤县举行了全县农村业余文艺汇演，表演的是土家族摆手舞和山歌演唱，潘光旦先生一行到达来凤县时，文艺汇演已经结束，演出者们已经启程回家，步行到了漫水，县里给他们打电话，请他们再回县城，给北京来的客人表演摆手舞，他们非常高兴，又从漫水回到县城进行表演。潘光旦先生一行的深入调查，进一步确证了摆手舞这一极具特色的民族舞蹈的存世。1957年1月，土家族作为单一民族得到国家确认，摆手舞与土家语一道，为民族的最终确认提供了宝贵的实证。

1957年，恩施地区和湖北省举行文艺调演，由彭祖裘老人带领彭昌义、彭昌松、贾光美、曾银香、曾令翠等人到武汉和恩施汇演，来凤的摆手舞受到省领导和地区领导的高度重视，省文化局（现湖北省文化和旅游厅）把它作为优秀节目安排到湖北剧院公演。1958年，武汉人民艺术剧院派编导、演员到舍米湖村学习摆手舞。随后，省歌舞剧团以摆手舞为素材，创作出享誉全国的舞蹈《土家喜送爱国粮》。

自摆手舞在武汉登台后，很多专业文艺工作者才知道恩施不仅有土家族，还有摆手舞，于是纷纷到来凤县来采风。1959年，来凤的摆手舞队在湖北剧院展演，受到王任重、张体学等省领导的亲切接见。1980年5月21日，来凤土家族自治县设立，县城举行了规模空前的摆手舞表演。1983年5月21日，舍米湖村举行了盛大的摆手舞会，庆祝来凤土家族自治县成立三周年，湘、鄂、川、黔边区万人与会，规模宏大。1983年12月1日成立鄂西土家族苗族自治州，来凤文化部门抽调专人到自治州教摆手舞，组成千人摆手舞队，开展了盛况空前的摆手舞大游行，也通过各级媒体的报道，使摆手舞享誉全国。从那以后，长阳土家族自治县、重庆酉阳土家族苗族自治县等纷纷派人到来凤学习摆手舞，摆手舞成为土家族的标志。

三、舍米湖村摆手舞特点

1. 形式和动作

1）形式

土家人称摆手舞为"舍巴"，也可称为"舍马""舍巴巴"，它分为大摆手和小摆手两种。

大摆手土家语也称为"叶梯黑"，主要见于梯玛（土老司）主持的重大礼仪活动，形式庄严、宏大。目前大摆手已基本失传，急需加强挖掘和保护。

舍米湖村摆手舞以小摆手为主，形式比较自由，场面大的可有千人甚至万人共舞，场面小的可以两人对舞或一人独舞。小摆手既可在祭祀、节庆或迎来送往活动中开展，也可以在赶集或收工后的闲暇时开展。既可以表哀痛，也可以表喜乐。

2）动作

摆手舞通过动作反映土家人的生产生活，其基本动作要求为屈膝、沉肘、抖手、撩胯、坐臀等，主要动作均来源于打渔、狩猎、耕种等生产劳动，以及军事或游戏，如"纺棉花""撑猴子""犀牛望月""磨鹰闪翅"等。

近年来，来凤县文化和旅游局等部门组织人员对传统摆手舞的动作进行了规范，确定其基本动作特点是"弯腰屈膝同边手"等，这对来凤县土家摆手舞的复兴和推广起到了十分积极的作用。

2. 道具和角色

舍米湖小摆手所需道具很简单，一面大鼓、一面大锣即可。舞者可着统一服饰，也可着日常服饰、打赤脚。可由梯玛主持，也可由普通的掌坛师或其他舞者召集。鼓手往往也是锣手，鼓立于木架上，锣亦悬挂于同一木架上。鼓手以鼓点和锣声指挥节奏，舞者均听其令。

舍米湖村现有多名鼓手，有男有女，有老有少，代次结构良好。其中，最有名的是土家鼓王彭承金。彭承金外貌粗犷，腕力惊人，嗓音洪亮、性情豪爽，具有土家汉子的典型气质。其鼓声或沉重、或轻柔、或铿锵，收放自如，震人心魄。

凡周边州、县举办重大摆手舞活动，多请他担任大鼓手。他还多次参加全国重大节庆活动，也曾多次参加国际文化交流活动。

3. 音乐和曲目

摆手舞场面较大时，常以音乐助兴。舍米湖村是土家族音乐的富矿，先后创作出了多首经典土家曲子。而这些曲子也都暗合摆手舞的节奏，被广泛应用于摆手舞活动中。舍米湖土家摆手舞舞曲均为原创。主要曲目如下：

1)《来凤土家摆手舞》

《来凤土家摆手舞》由来凤县肖本正根据舍米湖一带的传统曲子创作，由徐彩霞等人配舞。此曲是目前土家族摆手舞活动中使用频率最高的原创曲目。

2)《直嘎多里嘎多》

《直嘎多里嘎多》由来凤县文化馆王兰馨根据舍米湖民间音乐创作，是土家族音乐代表作之一，来凤县旅游宣传片片头曲。此曲参加过莫斯科音乐节，并多次在国内外获奖。

3)《舍巴舍巴》

《舍巴舍巴》由来凤县委办公室郎洪波等人根据舍米湖摆手舞创作。

4. 队伍和舞师

新中国成立前数百年间，来凤土家摆手舞多传承于梯玛，代序不详。新中国成立后则有清晰的脉络，其代序为彭荣梓—彭祖袭—彭昌松—彭承金等。

舍米湖村现有摆手舞队，由本村村民组成，其中有多位摆手舞国家级、省级非物质文化遗产代表性传承人，如彭昌松、彭承金、彭大钊等。彭昌松年近九旬，还能闻鼓起舞，平常则在家指导后辈。

村里也成立了摆手舞协会，组织壮大摆手舞队伍，增强村民文化自信。目前摆手舞协会业务骨干有彭大丙、彭大照、彭大楚，每年都在村内开展摆手舞活动100多次，带动舍米湖村文化旅游业的发展。舍米湖摆手舞的风格粗犷朴实，是中国土家族摆手舞的代表。

省里、州里、县里但凡举办摆手舞表演，必请舍米湖摆手舞队开场。这支队伍目前已较少参加竞技比赛，主要作为非物质文化遗产在各地展演。

代表统治秩序和强权的大摆手没有流传下来。反映人的意志、信仰、悲欢和劳动向往的小摆手却生生不息，从遥远的时代一直传承到今天，从与世隔绝的大山深处走向都市和大洋彼岸。这是摆手舞的真谛，它的根像树根一样扎入武陵山，山在，摆手舞就在。它的活力像酉水，河水清澈而绵长，摆手舞也源远流长。言不足而歌，歌不足而舞，在旧时代，那些生计艰难的土家族人、苗族人，在跳起摆手舞时，会超脱苦难、仇怨，会获得勇气而去面对绝望，找到美好和温暖。

尽管摆手舞队员们劳务补助并不丰厚，但每次锣鼓一响，大伙都会脚板发痒，血流加速，精神饱满地赶往摆手堂。鼓手号令一响，大伙便不由自主地沉身、屈拐……两眼如电光石火，同边手像风一样甩起来。

村落里人人会摆手，摆手舞高手无数，略举数人记之，彰显土家摆手舞者的传奇人生。

1）彭相龙

顺治年间生，卒年不详。舍米湖村创建人，当地彭氏称其为"起祖老公公"。清初从湘西来到舍米湖，结棚而居，开山辟林，造田园，建寨子，成为舍米湖彭姓数百年基业的开启者，也将摆手舞播种到了舍米湖。

2）彭荣梓

1883年出生，1965年去世。舍米湖土家摆手舞传承的关键人物，也是民国期间保持舍米湖数百年基业不毁的关键人物。舍米湖自建寨以来就有尚武传统，其中彭姓最为突出。第七代彭氏子孙彭荣梓年少时独自外出访师学武，练成一身硬功和一套娴熟拳法，擅使牛角叉和羊角叉。现已传至其曾孙。

民国时期，舍米湖周围匪患严重，方圆30千米内，有多处匪徒盘踞。舍米湖并无民团，也从未依附于巨匪，却始终安然无恙，这与彭荣梓的骁勇善战有直接关系，彭荣梓曾一人力敌八名持械悍匪，他还组织村民勇抗匪徒，构筑寨堡御敌。寨子筑有高墙，备有铳、镖，后山有寨堡，建有水源、粮地、防御工事、土炮、大量滚木礌石，可供全寨数百人长时间坚守。彭相龙、彭荣梓等彭姓壮士使用的不少器械、用具目前仍保存完好。其中，彭祖安家就保存着梭镖、羊角叉、石锁等物。

潘光旦先生初次见到的土家摆手舞,即是由彭荣梓等人在来凤县展示的。

3) 彭昌松

1930年出生,2021年去世。土家族摆手舞大师,土家摆手舞的传承人。幼读私塾,1952年任生产组组长,1964年担任舍米湖大队民兵连长,1975年当选第四届全国人民代表大会代表,1978年当选为第五届全国人民代表大会代表。彭昌松从小就受民族文化熏陶,他的舞蹈很好地诠释了摆手舞动作的内在含义。

彭荣梓使用过的梭镖(滕树勇 摄)

摆手舞大师彭昌松(唐俊 摄)

1956年,彭昌松作为摆手舞骨干,在彭荣梓、彭祖裘等老人的带领下参加了省、州、县的表演,并为潘光旦先生进行了专场演出。

前辈老去后,彭昌松成为舍米湖摆手舞的主要传承者。从20世纪80年代到21世纪初,彭昌松曾多次率舍米湖摆手队参加各类演出,在2002年的万人摆手节上,他带领的摆手队获得第一名。2003年,彭昌松荣获恩施州首届民间艺术大师称号。彭昌松还无数次在舍米湖为来访的国内外专家、学者和游客表演摆手舞规范动作,讲解每个动作的内在含义,弘扬以摆手舞为代表的土家族文化,为舍米湖成为著名的民俗文化村、民族团结进步示范村做出了积极贡献。

4)彭承金

1967年出生,6岁学跳摆手舞,7岁学打锣鼓,1980年来凤县举行土家族自治县成立庆祝大会,13岁的彭承金首次以鼓师身份登台表演。

他会唱土家小调《罗幺妹》,会麻舞和摆手舞的20多种动作,他常年在全国各地展演土家族摆手舞,多次出国交流。恩施职业技术学院特聘彭承金为学生教授摆手舞。2018年,彭承金被文化和旅游部列入第五批国家级非物质文化遗产项目代表性传承人名单。

鼓王彭承金(彭涛 摄)

四、寨子与寨堡

舍米湖建筑布局体现着清晰的礼序，也突显了在险恶环境中的生存智慧。

村落的中心分为世俗中心和崇拜中心。世俗中心因寨子里主要居住者的姓氏不同而不同，如彭姓的中心是中间大屋，陆姓的中心是陆家巷子和陆家水井，小姓杂居的磨刀湾则以水井为中心。摆手堂是全部舍米湖人的崇拜中心，几个寨子都有青石板道直通摆手堂。这种建筑格局兼具包容与个性，又代表着村民共同的价值观，是村民守望相助、协商共存的重要体现。

自神堂堡向东分布着坪里、里头湾和磨刀湾三个寨子，每处寨子的形成既相互联系又相互区别。村里最早的居民为陆姓、彭姓、曾姓、贾姓和陈姓等。陆姓先祖最先在坪里扎根安家，尽管陆姓早已全部迁出，现坪里仍存陆家巷子等地名，陆家巷子中间为一个南北向的石级，石级中下部向西有通往摆手堂的田间小道，巷子旁还有陆家水井。

历史上舍米湖村交通不便，到集镇需从寨子西北方的鱼鳞堡向北，沿酉水河岸步行至百福司镇，或步行至渣合溪渡口坐船北上至百福司镇。如今，村里公路已四通八达，村内公路将磨刀湾、里头湾、坪里、神堂堡、鱼鳞堡、干河沟连成一线。

舍米湖各寨均依山而建，房屋以吊脚飞檐为共同形貌特征，但三寨又各有特点。里头寨看似随意而为，却秩序井然。寨子的原点是中间大屋，建于彭相龙时期，屋基高三尺[①]，均由七八尺长的巨型条石砌成。屋前有一大石院坝，院坝两边原有高墙围立，墙上有垛口，可作防御之用，东西各有一门进出，两处马栏分别靠两门而建。中间大屋是族中长者起居之处。大屋东西及后面，有多排木屋，多为依山势而建的吊脚楼。有的是鲁班屋，三柱冲天；有的一正两吊。

坪里一带因地势较平缓，则多平地起楼，房子朝向规整，形成里巷。上人下畜，防兽防蛇。

---

① 1尺 ≈ 33.33厘米。

磨刀湾的房子则围绕水井而建，房屋也是就地取材。这一带因多平石，也多好木，房子是吊脚楼与石头房子结合，院墙则以石头为主。水井是寨子的核心，在一棵巨大的猴栗古树下。水井由大石板镶成，宽深各约 5 尺，多半陷在山体内。可贮蓄几十担山泉，水温冬暖夏凉，从未干枯。水满后流进井前石坝中一石凼，供洗衣、洗器具用。每逢早晚，水井边人来人往，舀水声、洗衣棒子捶打声不绝于耳，汇成一支山乡奏鸣曲，几百年来从未间断。即使建成了日供水 100 多立方米的水厂，自来水流进了家家户户，寨里人还是习惯挑着木桶，把清洌的井水担回家，习惯在猴栗古树下家长里短。

舍米湖村寨中的猴栗古树和水井（滕树勇　摄）

石坝外就是层层叠叠的梯田，泉水流出，滋润莲藕、水稻，也滋润土家族人的日子。

从中间大屋的山墙爬上去，绕过几栋吊脚楼就进入茂密的树林。林中有密道可通往山顶的寨堡台地，台地上不仅有大片耕地、水源，还有高墙、暗洞、哨位，是当年寨中人躲避土匪扰袭之处。至今寨堡上还堆有大量滚石。在舍米湖村的村史中，从来就没有出现过强悍的地方武装。村中人武装自己只是为了继续保卫家园、保卫男耕女织的生存方式。村里的勇者几乎从不参与地方各派力量的角逐。

从神堂堡往下，有两条路可通酉水。一条经鱼鳞堡、大步桥至渣合溪渡口，长约三千米，均为石板道。其中大步桥一带的石板道保存完好，宽约四尺，全部由坚硬的青石砌成。石板道从茂密的青冈树林延伸下去，近河时的路段是在悬崖上开凿出来的，与酉水的浪涛相映衬，十分壮观。另一条经鱼鳞堡、干河沟至自生桥，也是由青石铺成，干河沟一带多巨石和清泉。自生桥由山溪经亿万年冲击形成，为高约十多米的石洞，洞下过溪，洞顶林木茂盛。

在舍米湖通往渣合溪渡口的石道旁，还有一座大墓掩映在丛林中。

五、西兰卡普

西兰卡普在土家语中是花被子、花铺盖的意思，多用于被面、枕套、背袋等物，是土家族的传统织物，也是土家族文明的重要组成部分。

由于科技发展，人民生活水平提高，西兰卡普在酉水流域的传承出现了代际困难，但舍米湖村一直保留着这一纺织传统。摆手舞传承人彭承金的祖母田世彩就是土家西兰卡普的传人，她收藏的两床西兰卡普被专家誉为"可与乌克兰刺绣媲美"的艺术品。今天，从舍米湖走出了一批又一批西兰卡普传人。有的走进了县里、州里、省里乃至全国各地，有的走出了国门。彭昌松之女彭戌花编织的西兰卡普于1986年获得湖北省文化厅（现文化和旅游厅）颁发的湖北民间美术展览的优秀作品奖。

田世彩捐献收藏的西兰卡普（黄林　摄）

六、舍巴日

舍巴日即赶大场，原是土家族祭祀祈祷的一种活动，一般在年节举行，后发展为祭祀、祈祷、歌舞、社交、体育竞赛、物资交流等综合性的民俗活动。土家人在舍巴日活动中，以舞蹈追忆祖先创业的艰辛，缅怀祖先的功绩，展示土家族、苗族先民的生活场景，整个活动都有着浓厚的祖先崇拜痕迹。舍米湖摆手堂一直是百福司镇一带举行舍巴日的中心场地。

七、油茶汤

来凤县各族人民喜爱油茶汤，餐桌必备。民间流传的谚语"吃饭没有油茶汤，走路打闪心发慌"，正是其生动写照。舍米湖人好油茶汤，一顿可无饭，却不可无油茶汤。

油茶是自产的绿茶，加上自产的炒米、花生、花椒、大蒜、炸豆腐制成的。

做好的油茶汤色泽红亮,汤面盖着一层猪板油,看不出热气,却半天不冷。每家都有一口专门打油茶汤的老锅,不与其他锅混用。舍米湖的土家油茶汤是百福司镇的特色饮食,也是来凤县的特色饮食。中国农业科学院茶叶研究所前所长程启坤于1991年4月25日题字"来凤名茶传千里,土家油茶香九州"。2016年,来凤县田二姐油茶汤荣获首届"中国金牌旅游小吃"称号。

土家特色饮食油茶汤(彭涛 摄)

八、古树和楠木群

磨刀湾院落出入口有一株猴栗古树,猴栗树高15米,胸径1.58米,树龄在600年以上。古树东侧有一水井,是当地人先祖开凿的古井。

古井东侧有一石板路穿过,南下可离开院落,北上接石级通往院落。院落后面是一片金丝楠木群,金丝楠木为国家二级保护树种。金丝楠木群占地400亩[①]左右,有大树6000多株,中小型树若干。其中最大一株高28米,胸径1.076米,树龄为166年。

---

① 1亩≈666.67平方米。

挂牌保护的金丝楠木群（张昌俊　摄）

九、自生桥

磨刀溪汇入酉水的地方，有一座高七八丈①的自生桥，是由山溪经亿万年冲刷而成。桥上林木茂密，桥下是幽谷深潭，直连酉水，景色十分优美。此桥原为冉家村等村的村民前往百福司镇的必经之地，随着公路的修建，现已无行人通行。

十、民间工艺

彭祖安家里保存的两样老古董，记录着舍米湖几百年的生产方式。

一样是打谷用的搭斗。搭斗是武陵山区十分普遍的生产工具，每个种稻谷的农户家中都有。彭祖安家的搭斗与常见的搭斗明显不同。搭斗本是粗笨物，但他家的搭斗却做得十分讲究，搭斗是用老泡桐木做成，韧而轻，不仅多了四

---

① 1丈=3.33米。

只耳,而且四边雕刻有精致美观的花纹。

舍米湖的土家人对种稻十分虔诚,开田要唱歌,播种要跳舞,插秧要吃酒,收谷前更要祈求诸神,并感恩山川河流和先祖的护佑,丰收后则要跳摆手舞。

另一样是四耳油壶。内胆为陶,外罩为篾,既防漏、防起异味,又经得起磕磕碰碰。一只油壶四只耳,可盛油50斤[①]左右,一挑油壶就是100多斤。旧时,村里的壮汉用油壶子挑着茶油、菜籽油、猪油,上卯洞,过桂塘,下酉酬、里耶,换回村里不出产的花花绿绿、叮叮当当的物件。两头翘的桑木扁担,在弯弯的石板路上吱吱作响,挑出的是土家族人的自豪,挑回的是土家族人的希望。

很少有单一村落能把自给自足的农耕经济做得像舍米湖村这么精细。舍米湖村土地肥沃,物产丰富,是"一碗泥巴一碗饭"的好地方。村里稻谷、玉米、小麦等主粮充足,洋芋、红薯、高粱等辅粮品种齐全,小米、花生品质优异。养殖以猪、牛为主,也养羊、兔等。酉水可捞鱼,磨刀溪好捉虾,稻田中多泥鳅、黄鳝,山林中多山鸡、獐、麂、野猪等飞禽走兽。旧时,村里建有米坊、油坊、碾房和其他必要的加工作坊,还曾有铁匠铺,且各家各户都有织机。金丝楠木、杉木等树木遍布全寨,楠竹等散落在坡岭间。寨中多油匠、木匠、泥瓦匠、篾匠。百福司镇是贸易重镇,桂塘和附近的酉酬分别是湘西、渝东边贸重镇,处在几镇交汇处的舍米湖村山货贸易也长盛不衰。

舍米湖村漫山遍野都是桐籽、茶籽,且品质优良,尤其是桐籽所榨的金丝桐油,享誉整个酉水流域。1953年,来凤桐油获国家颁发的"来凤桐油质量第一"锦旗。1958年12月,荣获国家颁发的"卯洞桐油,质量第一"的奖状。这些桐油中就有产自舍米湖的桐油。

家住舍米湖的彭大波,是来凤县最有名的"山货王",彭大波的公司主要加工桐油、茶油,产品销至全国及东南亚、欧美地区。

[①] 1斤=500克。

巨型木油榨（滕树勇 摄）

　　磨刀湾的匠人远近闻名，木匠中多掌墨师，造大屋、建神堂。磨刀湾的磨岩平整、厚实，韧性极好，是造石器的上佳石材，尤其适合做石磨。当地石匠也十分厉害，周围许多几百年前的寨堡都是舍米湖村石匠建的，磉墩起细花，大院墙的八字门至今还能用墨斗、合尺。干河沟的青石则纹理美观，质地刚硬，十分适合造大条石、石柱、石碑，以及做大雕刻。

　　舍米湖村还盛产竹子，篾匠名传三省。曾家篾匠善织软篾，所织之篾薄如草纸，软如丝绵。有湘西大户闻后专门找来，出大价钱请曾篾匠编睡席，二十天为期，如不能按期供货，则以两倍价钱赔偿。二十天后，订货人按约来取货，见曾篾匠两手空空，便索要赔偿。曾篾匠从容地从衣袋中掏出一物，抖开，变成一张宽四尺、长六尺的大睡席，篾质簇新，篾香扑鼻。湘西大户大喜，不仅按价付款，还请曾篾匠下馆子吃了饭。

走近

红色土地
——板沙界村

板沙界村一角（唐俊 摄）

一、村落概况

旧司镇是一个比较特殊的乡镇，原来是两个乡，即旧司乡和高洞乡，后合二为一。板沙界村也是一个特殊的村，是由高洞公社板沙界林场演变而来的一个村，现在是原板沙界村（习惯称上板沙界）与花坨村（习惯称下板沙界）合并的新板沙界村，也就是撤销花坨村建制，其管辖地域并入板沙界村，现隶属于旧司镇。板沙界村山川秀美、人才辈出，其村委会所在地距离县城约22千米，距离高洞村约4千米。

板沙界村东经红沙田村接高洞村，紧邻新峡水库，南依东流坝、黑桃湾，西接腊壁司村、水田乡、都司村，北与觅鸭溪村、大坝村为邻。2016年11月板沙界村被列入第四批中国传统村落名录。

板沙界村地理位置图（黄康　绘）

从高洞村出发，往旧司集镇、大河镇方向，顺右手就势上山，翻越板沙界整条山脉，海拔从500米左右上升到900多米。顺着山脊而上，经过红沙田村六组、七组后，就进入板沙界村六组，接着依次为五组、四组、三组、七组、二组、一组，经风堡岭，直抵一组的梁家院子，板沙界山脉与新峡水库右岸公路之间的谷地为八组、九组、十组、十一组，其中九组接都司村，八组接腊壁司村，十一组与小河村交错分布。

板沙界村自然环境以山为主，盛产孝竹、楠竹等，过去使用土法造纸，现已弃之不用。建房用材喜欢选择杉木，其次是松柏，现在更多用节能的砖瓦代替木材。村内森林、旱地、水田各占三分之一，出产玉米、红薯、土豆、水稻等粮食作物，基本上家家都有养猪、牛、鸡等家畜家禽，但商品转化率较低。

板沙界村因自然环境优美、物产丰富，村民的生产生活遵循自然，所以性格多乐观豁达，村中多长寿之人。

二、地龙灯

地龙灯是一种独特的民间传统舞蹈，已被列入第三批国家级非物质文化遗产名录，流传于旧司镇大岩板村和板沙界村。据《来凤县文化体育志（1736—2014)》载，地龙灯又叫巴地梭。1979年，来凤县文化部门召集民间艺人，研究道具制作和表演技巧，使地龙灯重焕光彩，成为中国龙舞系列中的独有灯舞：不用篾篓不用棍，巴地梭着走，活像真龙行；站的骑马桩，弓腰箭步行，似同狮子灯。地龙灯的道具九节龙身，分别由九人掌握，一人执龙头，一人控制龙尾，其余每节均由一人单手抓住龙身内的圆形篾圈把龙身托起，另一只手抓住前者的腰带，表演者整个上身藏于龙身内，双脚为彩色龙衣所遮。九人紧密配合，随锣鼓节奏进行表演，以活泼的舞蹈形式，生动灵活地展现出龙"游于水""爬于山""腾于空"等神奇造型，同时模仿老虎、凤凰等动物配合龙，深受群众喜爱。地龙灯的表演者需要具有强健的体魄，旧时地龙灯的表演者大都为习武之人。

地龙灯展演（唐洪祥　摄）

地龙灯真正引起人们的高度重视还是在 20 世纪 90 年代。1992 年，中央电视台委托省市级 13 家电视台拍摄民族专题片。湖北电视台受托拍摄的地龙灯专题片通过中央电视台传播到海外。同年，我国台湾省《八千里路云和月》摄制组到来凤高洞拍摄地龙灯表演场面。1994 年，地龙灯参加湖北省体育运动会的表演项目比赛。2011 年，国务院公布将地龙灯列入国家级第三批非物质文化遗产名录。2012 年，文化部（现文化和旅游部）文非遗发〔2012〕51 号文件公布的第四批国家级非物质文化遗产项目代表性传承人，邓斌作为龙舞（地龙灯）非物质文化遗产项目代表性传承人入选。2014 年 10 月，地龙灯在湖北省第八届少数民族传统体育运动会上进行展演。

党和政府的高度重视，扩大了地龙灯的传播范围，使其演出形式更加多样化。但民间的传承路径略有不同，据传承人万建全介绍，地龙灯表演一般需要十五六个人，加上配套则共需要二十个人。十人玩龙，一人玩宝，四人玩锣鼓，一人玩凤,配套则是鱼灯、虾灯、蚌灯、虎灯各一人。地龙灯一般在春节期间玩,农历五月初五端午节也玩地龙灯,同时还会划龙船。万建全有一个地龙灯队,二十个人,万建全为队长,他们正月从村庄出发,一般往本县大河镇方向走,途径重庆酉阳县的兴隆、麻旺、甘溪、酉酬,然后经湖南湘西从本县卯洞回转,走村串巷,不辞辛劳。龙队工钱随行就市,20世纪80年代玩一场每个工位1元钱,现在玩一场总价在800至1200元不等,有寨子邀请,也有个人邀请,还有单位邀请的。地龙灯队早期穿街过村主要是步行,后来骑摩托车,六辆摩托载十八个人,现在有面包车。万建全介绍,关于地龙灯的制作,早年是自己用篾条扎龙,现在则可以在市场上买到。

三、拳术和民俗

板沙界村习武之人较多,尤以拳术见长。练武一为兵荒马乱时代保寨保家;二为强身健体,延年益寿。据《来凤县志》记载,小梅花桩拳在板沙界一带盛行,一般以家传的形式代代相传,除了旧司板沙界,三胡乡六房沟习此拳者亦甚多,板沙界米谷坡黄家院子的拳师多来自三胡乡六房沟。梅花桩拳术,现已很少有人会,扯芭洞11组还有梅花桩的遗址。

黄氏家拳是板沙界有代表性的武术拳种。该拳是集岳家拳、少林拳、六合拳、八合拳、小梅花桩、南拳、北拳为一体创制而成的,在来凤旧司板沙界、岩朝门、都司界、三合等村寨黄姓家族传承,以第七代传人黄学行为代表人物,现已传至第十一代,有拳谱、拳图存世。米谷坡黄家院子,1949年前,社会动荡,为了防身护寨,学武术的人甚多,几乎家家习武,人人身怀绝技。

板沙界的习俗也有其特别之处,一些民俗的来历和功用已经没有多少人能说清楚。农历四月初八,牛王节,牛不耕田;农历腊月二十四,屠夫不杀猪,祭刀;清明节,牛不下田,等等。在人民公社时期,插秧那天,牛打栽秧耙,要给牛灌一斤酒,十个鸡蛋。因为那一天,人辛苦,牛更加辛苦,算是给牛一个奖励。

在湘鄂西的不少地方有寒婆婆的传说,板沙界也有。寒婆婆一般在路边的岩石边，附近也许会有土地庙或叫土地坳的地名，岩石一般凹进去形成岩屋，寒婆婆就住在岩屋。路人经过，一般都会捡一个小树枝放在岩屋里，算是给寒婆婆捡的柴火。传说家里有小孩哭闹，路人只要路过岩屋时给寒婆婆带根柴，口中念念有词："寒婆婆，寒婆婆，你莫怪，我给你捡根柴，乖乖去，乖乖来。"这样小孩就不会哭闹。

四、传统建筑

上板沙界有名的建筑有两处，均是当时的大户人家邓捷先所建。一是地处山巅的板沙界寨堡，当地人叫寨子堡，也叫庄屋；二是位于山腰的邓家院子的邓家大屋。其实二者是一个整体，前寨后堡，一山上一山腰，形成了攻防自如的防御体系。平时，人们居住在山腰的邓家院子，一旦兵荒马乱，则退居寨堡躲避动乱。

1. 板沙界寨堡

寨堡位于板沙界村的第二高点，邓家院子的后山，现存有遗址，位于板沙界村四组、五组、六组的核心地带，占地面积约3000平方米，房屋在新中国成立之初分给贫苦农民居住，后拆毁。寨堡居高临下，俯视山下，可观风向。寨堡西边偏北为半边山，山上长满孝竹，还有牛王刺，东观邓家院子和高洞村，西隔本村凤堡岭与腊壁司村相望，南边一览山下东流坝。

寨堡分老寨、新寨，是不同时间段建设的。现年87岁的村民周伯军老人回忆，他的父亲参与了老寨和新寨的修建，第一次修建时，他还是小孩，7岁左右，也去帮忙，撬不动石头，就负责烧火；后又在老寨前方台地扩建了新寨，形成一个整体。原来四周有石礅砌就的寨墙，寨墙被厚厚的牛王刺包裹，寨门外和新老寨之间均构筑有防御体系，火力交叉覆盖寨堡通道和关键节点。只有一大一小两条路通往寨堡，小路通往凤堡岭方向，连接旧司镇，大路通往邓家院子，连接高洞村，其他地方进不了寨堡。大路从新寨朝门进，老寨寨墙的枪眼正对朝门，形成防御纵深，小路一方也有两级防御体系。

1949年后，修建寨堡山下高石坎水库时，寨堡工事被拆除，部分寨墙也被拆除，现有一口大水缸（太平缸）存留于老寨。老寨有一个石板搭成的旗台，当地老人讲，过去这是个凉棚，是制高点，相当于瞭望哨，现在还可见石板上的柱眼。新老寨之间的石砌寨门还在原地傲然屹立，寨门高约2米，内宽1.5米。

2. 邓家大屋

邓家大屋是邓家院子的核心组成部分，供大户人家邓捷先一家起居使用，与后山的寨堡互为守望。据村民介绍，邓捷先共有五个儿子。大屋由三栋房屋构成，单檐歇山式屋顶，一明两暗满拖，三栋结构类似，大小不一，后分配给了村里的穷苦人家，几经风霜，损毁了一栋，现有两栋留存。一栋位于板沙界村五组，高两层，五柱四骑，建筑材料以杉木为主，椿树门枋。另一栋位于现板沙六组，五柱七骑满拖，堂屋长5米，进深7米，樱花形、梅花形窗花格子。邓家大屋的右边有一栋邓家后人新修的吊脚楼，村民称之为新邓家大屋。

下板沙界的传统建筑要数米谷坡的黄家院子规模最为宏大，保存相对完整。米谷坡属于板沙界九组，地处半山腰的山洼，整个寨子坐西北朝东南，村组公路通到寨前，寨子后山摩天岭，寨前几棵古老的枫香树十分挺

米谷坡黄家院子吊脚楼（黄敏 摄）

拔。寨子黄姓居多，另有马姓、谢姓，谢姓系20世纪70年代从县城迁来该寨。黄姓为苗族，自述为贵州迁入，武术世家，1949年前，黄姓家家习武，防身护寨。米谷坡建筑依山傍水，土家族与苗族建筑风格融为一体，但米谷坡古老的枫树、建寨地址的选择和习俗仍然彰显出苗族的一些习性。寨子共四排，每排六栋木制建筑，正屋多三柱四骑，一明两暗，家家有神龛，排排都有吊脚楼，第四排拆除了一部分，寨子中间为公屋，后为集体仓库，1978年后拆毁，现为空地，供村民晾晒物品。

五、古路、古井、古墓

板沙界村在来凤县县城至重庆酉阳的大道旁，是去旧司镇、大河镇的必经之地，也是巴盐古道的组成部分。由于现代交通运输的飞速发展，古道已经淡出人们的生活，但还有些许痕迹可寻，当地人叫大路或盐大路，村里老人们知道此路通向重庆，现仇家屋场后面还有人字形石道依稀可见。

大路旁的水井也仍然在使用。经板沙界山脊过凤堡岭的古道目前仍然是上板沙界出行的重要道路，已改成村组公路，但路旁的山泉、水井依然滋润着南来北往的行人。梁家院子旁的水井保存较为完好，井口不大，井塘深深嵌入山体中，蓄满水可供整个院子使用而有余。

板沙界村四组有一船形地，那里有一夫妻合葬墓，石刻工艺较精湛，1938年立碑，当地人称其为邓家大墓。

六、自然遗产

板沙界村是一个鸟语花香的村落，植被丰富，生物多样性特征明显，处处都是奇花异草、怪石清泉，自然景观丰富。

1. 铜鼓石

铜鼓石位于板沙界村八组，八组中心位置为山间的一个小盆地，盆地养育了一个小寨子，传统民居依山形地貌分布在盆地周边，过去这里曾有一黄姓大户人家在此修建大屋，背靠核桃湾村，面向花坨村，进出此寨有一个大朝门，1949年后拆毁。盆地边的一座小山，山上全是较为规则的石头，石头形状如大鼓，石鼓下方还有石鼓座子，用石头或木棒击打，声音如铜鼓般悦耳，余音十分具有穿透力，听之令人振作警醒。因此，整个8组以铜鼓石命名，铜鼓石成了板沙界的镇山之宝。

铜鼓石（龚志祥　摄）

2. 花坨村

花坨村村委会所在地为板沙界村十组。这里的野花资源十分丰富，每到春天，村民们便生活在山花丛中。

当地有一种榆树，本地人叫涎黏树，树皮可食用，用来做粑粑，1959年闹饥荒时，此树成了本村人的救命树，其开花繁茂，花色淡绿。

板沙界村的大小路旁均盛开着各样颜色的鸢尾花，也叫鸭子花，蓝、紫、白、粉，颜色各异，有路就有此花。

还有一种树叫灯台树，当地叫梁山伯树，此树开的花错落有致，以白色为主，传说此花只为祝英台怒放。

最有气势和规模的当属樱花，板沙界的野生樱花林面积达500亩以上，开花时节，漫山遍野的樱花，引来无数蜜蜂辛勤采蜜，花坨村名副其实。

盛开的樱桃花（龚志祥 摄）

3. 凤堡岭

位于板沙界村一组和二组交界处的凤堡岭，因风获名。此乃板沙界村的制高点，是一个春天百花争艳、夏日凉风拂面、秋天红叶点妆、冬季白雪漫舞的好地方。此地登高可远眺来凤县的绿水镇的五台山、大河镇的白岩山等。

凤堡岭以三个方面著名。

一是 1947 年，从中原突围出来的中原军区李人林部 400 多人游击江南，3 月 11 日行至凤堡岭，在此击退堵截之敌后长驱直入，连克新街、板土科、五台，而后转战湖南，与张才千部胜利会师沅陵。

二是丰富的野生动植物资源和良好的气候资源。凤堡岭四季分明，光热充足，气候宜人，优质的水土条件适宜作物生长，是长寿之地。

三是这里的人们拥有豁达的生活态度，与自然为友。这里的生产生活遵循自然规律，以"土"为要，事事都讲究随天随心，固守传统的生活方式和古朴的处世之道。

4.红豆杉

生长在板沙界村的自然植物中，野花分布面积较大，品种繁多，但最为珍稀的当属野生红豆杉，九组米谷坡黄家院子有五棵比古寨还要古老的红豆杉守护着寨子。红豆杉是世界上公认的濒临灭绝的天然珍稀植物，经受住第四纪冰川极端气候的考验，在地球上已生存了250万年。业界普遍认为在自然条件下红豆杉生长缓慢，再生能力差，因此，世界范围内还没有形成大规模的红豆杉原生态林业基地。但板沙界村是一个特别的地方，到处都是红豆杉的小苗，板沙界村一、二、三、七、九组的土壤和气候适宜红豆杉生长，尤其以凤堡岭的红豆杉生长得最为茂盛，自然繁殖也最为迅速。目前，板沙界村已经认识到生物多样性的重要，正在筹备村级红豆杉自然保护区。

凤堡岭（龚志祥 摄）

七、村中能人

板沙界村是一个多民族村落，土家族、苗族、汉族各族历经数百年交流交融，生产生活习俗基本接近，亲如一家。黄姓是本村的大姓，其次为向姓，村子以苗族为主，土家族、汉族各占一部分，八、九、十一组差不多都是黄姓人家或黄家的姻亲人家居住，宋姓、杨姓、梁姓基本上一个姓居住一个组，其他组各姓氏的人交错居住。此地土家族居民，以田姓、向姓为主，其他多为外地迁入。

村中能人多与本村物产、文化习俗、历史事件相关，一般集多种手艺于一身。因为村子及其周边竹类资源丰富,所以村子多篾匠,他们大多居住在八、九、十一组,他们晒席、背篓、簸箕都会织,手艺各有高低,以此为生。石匠则以上板沙界居多,技艺各有所长,装水的水缸、圈养牲畜的棚圈、建房所需的石基、加工粮食的石具等均出自本村石匠之手。

1. 邓斌

1932年出生,2021年1月去世。苗族人,民间杂技和地龙灯主要传承人。从小随父亲练就一身武功,他会龙舞、三棒鼓、采莲船、狮子灯,玩地龙灯技艺更是超群,在湘鄂渝一带享有盛名。他还是木匠、石匠和篾匠,集多种手艺于一身,会建房、雕刻、修碾子和编织生活用具。邓斌老人热心于传承,他倾其毕生所学,将一身技艺传给50余人,尤其是为地龙灯艺术的传承做出了较大贡献,为此,2003年,恩施州人民政府授予邓斌"民间艺术大师"称号。2012年,邓斌被列入第四批国家级非物质文化遗产项目代表性传承人名录。

民间艺术大师邓斌(恩施州旅游文化促进会提供)

2. 万建全

1967年出生，地龙灯传人，第二批恩施州级非物质文化遗产代表性传承人，万建全现为地龙灯传承队伍的队长。万建全是唱山歌的高手，主要是唱情歌；还有一手抛刀绝技；打得一手漂亮的三棒鼓。

3. 刘钧

1935年出生，喜编故事、写书，尤其擅长编创三棒鼓唱词，内容以革命题材、乡土文化为主，《四渡赤水河》《飞夺泸定桥》是他编写的经典唱词。他与别人合作创编的《革命圣地板沙界》在来凤县旧司镇家喻户晓。

八、板沙界农民起义

板沙界村最著名的历史事件就是20世纪20年代发生的板沙界农民起义。

来凤县当时的地方政权，由北洋军阀第十八混成旅于学忠部孟伯夫营、地方团防武装组织、土豪劣绅及其县知事、保董所控制，各族人民承受着各种压迫和剥削，饥寒交迫，民不聊生。广大人民意识到，只有推翻反动统治，才是唯一的出路。1926年秋，一场由共产党员领导的声势浩大的革命运动在来凤爆发了。

1926年7月，共产党员张昌岐、刘岳生等受董必武派遣，来到来凤县开展工农革命，响应北伐战争。共产党员张昌岐以国民党湖北省党部特派员的身份到来凤县开展工作并兼任教育科长。他以公开的身份为掩护，利用工作之便，宣传革命，与中共党员刘岳生、吴郅堂、梁子恒等人在来凤土堡开会，秘密发动群众，开展反对土豪劣绅、贪官污吏的斗争。会后带领进步青年龚韵僧、雷子文、陈少云等分头到旧司镇的腊壁司村、板沙界村、甜茶坪、红沙田村和三胡乡的猴栗堡等地宣传革命，提高农民觉悟，组建农民武装。

在张昌岐、吴郅堂等人的精心组织下，板沙界村建立了湖北省第一支共产党领导的以少数民族为主的农民自卫队——板沙界农民自卫队，队长为刘贤成，副队长为邓安民，队员一百余人，都是本村村民。加上旧司镇锁洞村甜茶坪等地的农民自卫队，全县农民自卫队队员达到300多人，参加革命的积极性高涨。

张昌岐、吴郅堂等人把邓捷先家的寨堡加以改造，成为一个秘密的革命活动场所和军事训练基地，用以提高自卫队队员的思想觉悟和军事素质。寨堡本身就是一个防御工事，居高临下，易守难攻，在此基础上，自卫队把原来通向寨堡的一条小路封闭，只保留通向邓家院子的大路，便于防守，同时从寨墙下方开凿出一条秘密通道，也就是暗道，从此处进出寨堡不易被人发现。自卫队把寨堡的新寨改造成训练场地，又把老寨改造成营地和讲

古寨堡石门（唐俊 摄）

习所，还把原来的凉亭改为旗台，同时在寨子内建立撤离通道、战略通道和情报通道，与寨墙外部连接，对空间格局进行了合理分工，科学运用。通道穿越寨墙下方和一片牛王刺，伪装巧妙，很难发觉。

1926年10月上旬，当时的县政府截获了武汉寄给张昌岐的文件和宣传品，这引起了县知事向炳煜的注意。为了适应快速发展的革命形势，配合北伐战争，张昌岐、刘岳生、吴郅堂召集龚韵僧、雷子文、陈少云、梁子恒、罗乾元等进步青年秘密开会，决定提前起义，夺取县城。经过充分准备，同年10月28日，张昌岐、吴郅堂率领板沙界村、甜茶坪、猴栗堡等地的农民自卫队员，加上争取的地方武装田步云的一队人马，兵分四路，从东、西、南、北四个城门围攻县城，并约定以西门外大树处鸣枪为号，同时进攻。

自卫队队员化装成赶集人，身藏短刀，肩扛扁担，担着蔬菜、山货等，混进县城。顺利进入南门的杨仁正、杨仁爱、邓安凤、王子清、罗宝庭、金发清

等队员,看到持枪的哨兵,求胜心切,未听到信号枪声,提前行动,打死了两个守门的敌兵,夺枪两支。此举被城楼上的敌兵发现,当杨仁正等自卫队队员冲向城楼时,遭到敌人扫射。杨仁正、杨仁爱、邓安凤等中弹牺牲。队员们提前动手杀敌,打乱了计划,惊动了敌人,导致敌军关闭城门,并用机枪封锁,增加了攻城的难度。农民自卫队的武器远不如敌兵装备,如果按原计划行动会有很大牺牲,并且无成功把握。加之城外田步云的队伍面对敌军的强大火力,迟迟不敢进城接应,起义队伍只好放弃攻城,仓促撤退。

此次起义没有达到目的,反引起了反动派的注意。县知事向炳焜命令孟伯夫带人前往板沙界镇压起义队伍。10月29日下午,孟伯夫在县城集合队伍准备当晚偷袭自卫队,夺取寨堡。自卫队侦察员吴湘生探知敌情,连夜赶往寨堡告知敌人行动计划。张昌岐等人根据敌情变化,立即组织农民自卫队转移,分散隐蔽,积蓄力量,等待革命高潮到来。10月30日拂晓,敌人赶到寨堡时,农民自卫队队员已经撤退,隐蔽待机。自卫队队员吴湘生由于行动稍晚一步,被敌人枪杀于板沙界。

板沙界农民起义遗址纪念碑(唐俊 摄)

板沙界农民起义失败的原因是多方面的：一是反动派力量过于强大，武器精良，起义军的装备多是大刀长矛，与敌军的枪炮不可同日而语；二是革命处于早期探索阶段，组织化程度有待进一步提高，指挥能力有待提高，各地农民自卫队统一协调不够，组织纪律性有待提高；三是农民自卫队训练时间短，组织观念不强，没有实战经验；四是对地方武装没有进行教育和改造导致他们革命积极性不高，打乱了整个攻城的战略部署。

张昌岐烈士墓（黄林　摄）

板沙界农民起义虽然失败了，但沉重打击了北洋反动势力，为北伐战争的胜利做出了贡献。这是中国共产党在来凤县进行的一次有组织、有准备、声势浩大的农民起义，播撒了革命的火种，拉开了鄂西大革命的序幕，为随后到来的工农武装割据准备了力量。这次起义得到了董必武、陈潭秋等领导的高度肯定和赞扬。

走近

五水汇流
——五道水村

五道水村徐家寨全貌（彭涛 摄）

一、村落概况

大河镇五道水村，地处来凤县西南边陲，四面群山围绕，山清水秀，犹如世外桃源。村庄经村北天上坪山脉与咸丰县坪坝营隔岭相望，村委会离大河镇政府约 27 千米。全村土地面积 10485 亩，耕地面积 1098 亩。全村平均海拔 800 米，最高海拔 1650 米，属亚热带季风气候，物产丰富，水稻、玉米、油菜、土豆、红薯是其主产农作物，猪、牛、羊、鸡、鸭都有养殖，以养猪养鸡居多。

五道水村地理位置图（黄康　绘）

整个村落以二组徐家寨为核心展开，徐家寨背靠天上坪，地处山腰部略偏下，坐北朝南，一组大湾越天上坪支脉岭脊与龙潭坪村相依，三组郑家头并列于徐家寨，四组老屋场位于徐家寨的前方，地处山的下部直达山脚河谷，五组谭家院子邻近徐家寨，顺山谷河流可通沙坝村，六组富足溪邻近徐家寨，越过天上坪可通杉木塘村和沙坝村。村委会位于二组徐家寨寨子的正后方，山腰部，村级公路的上方，海拔约760米。

五道水村历史悠久，原为腊壁土司所属，改土归流后属悌恭里。村名由来与本村自然环境高度相关，因山中五条溪水而得名。村北天上坪是本村的制高点，此山向南发育若干岭脊直至山脚谷底，岭脊之间形成大小不等的五条溪流，当地人称五道水，溪水长年不断从山上流向山下河谷，五条溪流在徐家寨前汇合，注入山下五道河，当地人称为小溪沟，小溪沟的水在两条山脉之间蜿蜒曲折，流向沙坝村。五道水村的美景成为电影《舞爱》《山里的旧钢琴》的外景拍摄地。

二、建筑文化

五道水村以二组徐家寨闻名于世，2013年8月26日，徐家寨成功列入第二批中国传统村落名录。2019年五道水村成功入选第三批中国少数民族特色村寨。徐家寨建筑群是本村最大的物质文化遗存，倚山而建，全为木板壁屋，大多为三柱四骑，整个民居群有30多栋。整个寨子占地30余亩，古建筑面积达5940

错落有致的古老民居（唐俊　摄）

平方米。徐家寨半山腰部为青石垒成的层层梯田，上部为山林。据来凤县住房和城乡建设局的中国传统村落档案记载，寨子形成于明代，距今有600多年的历史，地处山谷坡面，坐北朝南，背靠天上坪，南临小溪沟，与龙家岩山脉相望，东西两面有山脉环绕。后山上的五道水其中两道水穿寨而过，另外三道水环寨而过，最后经瓦厂坝汇聚入五道河。寨子东西两面山坡各有一条原始森林带伸向寨子的正前方，在接近山谷的底部处交汇，半圆状环抱寨子。

五道水村干净整洁，寨内的小道纵横交错，高低起伏，多为石板铺就，少部分为土路，连接各家各户。据村中老人回忆和有关史料记载，徐家寨曾历经三次火灾，最近一次火灾是200年以前的事情。徐家寨原来的建筑不是现有的格局，据说原来有两个寨门，北门为上寨门，东门为下寨门，均是大朝门，一般是北门进、东门出。进寨后，但见屋连屋、路连路，每家房前屋后都有过道，通过过道户户相通，下雨天进入寨子，甚至可以不用打湿鞋和衣服通达每家每户。寨子现有房屋是在总结前三次火灾经验的基础上重建的，房屋不再相连成片，而是独自成栋，后经多次翻修和改建成为现在这个样子，形成错落有致的排屋和吊脚楼，房屋之间用青石板小路连接，五道溪水绕寨而过，取水便利，增强了防火功能，既美观又实用。

现整个寨子大致由九排房屋构成，每排多则五栋，少则两栋，暗含"九五至尊"之意。整个村落建筑仅存一栋吊脚楼，此吊脚楼为单侧设置吊脚楼，与正屋成直角，其他多是一明两暗的排屋，也叫正屋，配以少量附属建筑。正屋多面阔三间，单檐悬山式屋顶，上盖小青瓦，榫卯穿斗结构，正屋明间为堂屋，堂屋正面设有供奉祖先牌位的神龛，暗间为火塘或卧室，堂屋属于公共空间，祭祀、婚丧嫁娶等一些重要的活动均在堂屋进行。目前，徐朝杰、向柏林的房子属于寨中最古老的房子，建于清朝时期，大致居于寨子中央，据说是第三次大火时幸存下来的唯一一栋房屋，其幸存得益于当时的一场大雨及时浇灭大火。

此房堂屋中有一木制神龛，下有底座，上置龛，敞开式，竖长形，楠木造，底座宽1.4米，神龛宽1.5米，长2.52米，深41厘米，龛内上部有一镂空雕刻"万福来朝"四字。有资料介绍神龛内还有一副对联："茂公朝廷功名显，子孙后代雅人多"。但此次调查中没有发现。

茂公就是徐懋功，正史记载徐懋功无后，被武则天满门抄斩。不管真实与否，以忠义之士徐懋功为榜样，这样的格局奠定了徐家寨的优良家风，并代代延续，也促进了邻里相亲团结向上。

村中还有一说，明朝大将徐达的后人来此避难，定居于此至今。史载明建文帝元年（1399年）七月，燕王朱棣起兵靖难，三年后（1402年）攻破应天，战乱中建文帝下落不明。同年，朱棣即位，大肆杀戮曾为建文帝出谋划策和不肯迎附的文臣武将。作为建文帝手下的文武部将，徐氏一脉难免，徐家寨徐氏先祖是否是为了避明初祸患而来此地，一时难以说清，但从徐家字辈排行"上正通胜秀，启可朝功勋，国泰天开邦，忠孝自然成"来看，

古寨楠木神龛（唐俊 摄）

或者是一个佐证。遗憾的是徐氏族谱毁于大火，无法证实，徐家寨的历史显得更加深不可测和神秘。

徐家祠堂，位于寨子中心，不知何故拆毁，现为空地，用来堆放柴火。村中原来有一学堂，系1949年后所建，位于徐家寨旁边，后拆毁。在1949年前，二组大户李介然家有私塾，可接收村中及附近村子富裕人家的孩子学习知识。二组与四组之间曾有一座村庙，与徐家墓地相邻，1949年后拆毁。

徐家寨几乎家家有石碓、石磨，现多数人家还有保存，但没有太多使用，只有手磨，部分人家还在使用它来做豆腐。青龙山背面，往谭家院子方向，曾有一座油榨坊，1949年后拆毁。

循公路往沙坝村方向，一个叫枫木林的地方，曾有古树数十棵，后被砍伐，

此地距离村委会约 1500 米，五道水村村委会在此建立了一座现代榨油坊，通过液压的方式可以加工茶油、菜油等，配套建有五道水农产品展示厅。

五组谭家院子里有一栋百年老木屋，一明两暗三开间，五柱三骑，屋主为谭子敬。堂屋神龛上方有一块匾，匾宽 91 厘米，长 277 厘米。匾上有"为国之桢"四个大字，其他小字字迹比较模糊，依稀可辨是"咸丰 9 年　旨例授国子监□太学生一员　谭家芳亭典……眷侍生姚……拜撰"等墨迹。据此可推断房屋距今至少 170 年，当时的姚某送给修建新屋的谭姓房主，他们两家是姻亲关系，送匾的姚某应该是谭家的孙婿或侄孙婿。据说此匾还配有一副对联，用楠木做成，1958 年村中大办食堂，对联和神龛被拆下烧火做饭。此匾从侧面反映了当时儒家文化对社会的影响。

古老民居（唐俊　摄）

三、梯田文化

徐家寨的核心是梯田文化、建筑文化。徐家寨的梯田可与建筑媲美，两者相得益彰、交相辉映。梯田位于寨子的正后方和东西两侧，共300多亩，养育了整个寨子。

从现徐家寨寨门西瞰，青龙山首尾相顾相盼，护佑古寨，五道水潺潺流过石板，300亩梯田以山势高低展开，犹如一幅山水画卷，随四季变换，绿的禾苗、黄的稻浪，青山环抱，世外桃源般的徐家寨令人神往。

徐家寨梯田（唐俊 摄）

徐家寨所在的位置是一面向阳坡地，由天上坪发育下来的数道山岭和五道溪水构成，由于雨水常年冲刷，泥土稀少，裸露出一整块青石板。徐家寨的先民们发扬愚公移山的精神，垒石筑坎，担土造田，终成现在的辉煌。洼地容易水淹，无法保证收成；而梯田的位置则绝佳，采光透气好，光热和水土条件都有利于农作物生长。徐家寨人发挥聪明才智，取周边山洼中肥沃的泥土在青石板上造田，充分利用五道溪水来灌溉，旱涝保收，一年两熟，这体现了徐家寨人顺应自然、改造自然的勇气和睿智，一幅人与自然和谐相处的画卷浑然天成。

梯田东西横向伸延2000米，南北顺山势垂直高度达1500米，颇为壮观。曾有记者访问古寨，写下如此美景。充满传奇的湖北第一块移土培肥的古梯田，就建在五道岭那块巨大而倾斜的青石板上。青板石，上接五道岭，下通青龙山。

岭上有龙洞，溪水终年不竭，五道水顺石板而下，汇集到山下的青龙山。徐氏定居此地，造田引水，休养生息。劈山石砌成田坎，取来细沙垫底，挑来泥土奠基，烧砍荒草渥肥；利用五道岭的自然条件，修堤筑埂，把终年不断的五道水，通过水笕沟渠引进梯田。不出三年，杂糅着贫瘠黄土与肥沃黑土的耕作层便稻作丰收。此后若干年，徐氏子孙，拓土扩疆，无穷尽矣，斜坡上的五道山梁，都被改造为层层梯田，从青龙山下一直延伸到五道岭山巅。

四、古树、古墓、古道

徐家寨人爱树胜于爱生命。徐家寨僻处一隅，古时基本与世隔绝，寨前龙家岩如屏，寨后则是苍莽的五道岭，古寨位置海拔700米左右。环绕寨子东西两端的森林带在寨前交汇，距寨数十米，人们称之为青龙山，其实不是山，是由岭和壑组成，因原始森林覆盖，青色如黛，绵延数千米，故称青龙。

青龙山古木参天，树高过寨，形似一条静卧的巨龙，呈月牙形环抱村落，青龙山占地200多亩，山中奇树异木多，楠木、梓木、红豆杉等珍贵树种在这里满目皆是，比如500年的楠木和镇寨之宝的梓木，还有植物学家一时也叫不上名的树。最大的一棵金丝楠木，位于徐红卫屋子左边，高约40米。林中有一棵周身长满似龙鳞一样树皮的树，鳞片有棱，片面光滑，排列规则，时有光泽闪现，林业部门的几位专家到这儿待了半月，也没有最后确

徐秀仕墓碑（龚志祥 摄）

认。据统计,青龙山有数百棵古树,平均树龄在 200 年以上,最大胸径 100 多厘米,树高 30 米至 50 米不等,是名副其实的原始森林群落。

据寨中人自述,村里有一条不成文的世代沿袭的村规,村里的两条自然森林带,树木保持自然状态,自然生长,自然死亡,不允许在林中拾柴和砍柴。如果哪家有小孩进树林拾柴或砍柴,这家的大人须带着孩子到每家每户登门道歉并燃放鞭炮。1958 年,这里发生了一件神奇的事情,在两条森林带交汇处埋炉炼钢,正准备砍树时,一阵狂风突起,让砍树人睁不开眼,加之徐姓族人群起守护古木,誓与森林共存亡,终于保住了这片森林。因为水土保持得好,徐家寨的大米远近闻名,菜油更是畅销。

五道水村一组大湾,风景秀丽。在一组 27 号白家老屋场的正前方有一棵树龄在 500 年以上的红豆杉,树干需两人合抱,房场左边有一棵栗树,树龄在 300 年以上,同时伴生一棵白蜡树,它们均为来凤县林业部门挂牌保护的树木。

五道水村古墓不多,最有名的当属徐秀仕墓。徐秀仕系徐氏家族在此地的第一代。墓地位于二组和四组交界的老坟山,当地人说是扑虎地。徐秀仕墓立有墓碑,墓碑显示徐秀仕终于甲戌年二月十八日。另有两座徐家祖坟位于徐秀仕墓右边,墓碑依稀可辨立碑之人乃子侄辈。从墓碑可知徐家与当地多姓存在姻亲关系,友好相处。徐秀仕墓左边系刘妻吴氏墓,墓碑记载刘妻吴氏生于康熙十九年(1680 年),大限乾隆二十五年(1760 年)七月

古道(唐俊 摄)

初二，乾隆二十七年（1762年）立碑。两姓墓地，实为一块。探究原因，可能是最早来徐家寨定居的徐、刘、杨三姓人家结为异姓兄弟，三姓约定阳不分阴，死后可同穴，以此证明三姓的感情。

古道走向为龙潭坪—徐家寨—沙坝，现代交通出现以前，此路常有生意人往来，附近人家走亲戚、赶场也会经过此道。古道现已荒废，没了踪迹。

五道水村以水取胜，村民饮山泉水，少有古老水井留存。新中国成立后有一条人工大堰，"农业学大寨"时所修，约2.5千米，引一组洞里水，灌溉一组、六组的农田。土地承包到户后拆毁，现用水管代替渠道灌溉农田。

五道水村人崇尚自然，顺应自然，与天地为友，豁达开朗。民俗文化也受自然生态影响，村里少宗教信仰，但旧时有道士存在，主要是为了安葬逝者。五道水村安葬从俭，三天吉葬。而小孩出生则比较隆重，举行打三早、十早、满月酒三场礼仪。家家祭祖，祖先崇拜盛行。

从高山之巅到河谷深处，山歌、情歌、盘歌是人生必备。早年人们经常上到天上坪高处，与咸丰县的朋友对歌，加深了感情。遗憾的是村里的年轻人不再喜爱山歌，他们从小外出学习和打工，也没有时间学习。

五、自然遗产

世外桃源般的五道水村除了人文历史氛围浓厚，故事源远流长，自然风光更是秀丽多姿，令人流连忘返。

1. 铁甲寨

铁甲寨位于五道水村东偏北2000米，面积约2.5平方千米，最高海拔1054米，属五道水、杉木塘、沙坝等村共辖，为徐家寨的左翼。山上有自然岩屋可供居住，现存有火药点、兵工厂等遗址，地势非常险要，仅有一人行道可通达，真是"一人当关，万夫莫开"。加之山上有比较丰富的水资源，可供饮用，山上近1000亩土地可耕，此地成为屯兵屯粮之所。旧时，徐家寨属于要塞之地，且地形特殊，铁甲寨是守卫五道水村的制高点，可俯瞰河谷沙坝村方向，东西两向可观察杉木塘和龙潭坪方向,往北可通天上坪,铁甲寨是徐家寨战略撤退的关键节点。

铁甲寨地形(龚志祥 摄)

2. 龙家岩

龙家岩是一个大山脉,顺五道河右岸直抵沙坝村,险峻陡峭,龙姓人家来此就以此山为家,是目前可知的徐家寨最早的居民,当时龙姓住在岩屋里,现在人已不知去向何方,何时来何时离开均不可考,地名由后来者代代相传下来,现仍以龙家岩称呼。

3. 天上坪

天上坪又叫五道岭,与咸丰县丁寨乡交界,与坪坝营相连,有弯曲的小路通向山顶。沿蛇形小道步行,从村委会上到山顶大约需要2个小时,山顶平坦,成丘陵状起伏,可观黔江地界、咸丰县城,生长有上万亩原始次生林。天上坪有一个洞群,已探明十多处溶洞,有的曾用来熬硝,据老一辈人讲,溶洞可通茶园坡村张家湾的土匪洞,还可通位于天上坪山下的咸丰县黄木坝。

4. 李家膀

李家膀是徐家寨的右翼,也叫李家屋场,与龙潭坪村一岭之隔,居高临下,可观龙潭坪村的动向。新中国成立前,村中田土将近一半是属于大户李介然所有,李介然1949年前已去世,其儿孙辈已迁出此地,散居在大河镇其他地方。此地泉水质优,味道甘甜可口。大河镇一些讲究生活品质的人会开车来此地担水回家,烧茶煮饭用。

5. 五道河

五道水村如果以徐家寨为中心,则北有天上坪,与咸丰砰坝营相接,东边有铁甲寨护卫,西边李家膀据险防守,龙潭坪接应,南边临小溪沟,越过小溪沟为龙家岩天然屏障,无法翻越。徐家寨东西北三个方向地形险要,扼险据守,无人敢越雷池半步。可谓易守难攻,外患不敢轻易打扰。唯一通向外面的便捷通道就是五道河河谷,河谷被两边高山夹峙,狭窄悠长,沿途风景秀丽。

出徐家寨东门,趟过头道水,横越青龙山,经过一个叫夹马槽的地方,走过一片开阔的坡地,下到五组谭家院子,就可以顺五道河去往沙坝村,通向大河镇。夹马槽曾

清澈的五道水河(龚志祥 摄)

经筑有防御工事,背靠青龙山,护卫徐家寨,时刻观察前方河谷和开阔坡地的动向。现夹马槽有坑道、寨墙遗存,与原始森林互为交错,穿行其间的道路仅可一人骑马通过,所以此地叫夹马槽。

谭家院子至沙坝村半河场,长达7千米的五道河峡谷均属五道水村的地盘。谭家院子所在位置叫乌龟地,寨子建在龟背上,应该是考虑防洪和防地质方面

的情况发生，乃长寿之地。

从谭家院子顺河而下，经过河流的一个大拐弯处，铁甲寨发育下来的支脉深深嵌入河谷，如一把钥匙延伸至河中，形成一口深潭，河对面的山形如一扇紧闭的铁门。此地叫铁门闩，是徐家寨的一道重要屏障，现在人们称铁门金锁。1949年前，社会动荡不安，来凤有两股匪徒曾火烧沙坝村，但到铁门闩止步。徐家寨一直如世外桃源，即得此地形之利。

铁甲寨山脉顺五道河左岸隆起伸展，有一个山头叫美女山。从河谷向上观此山头，似女人的侧面像。望向徐家寨方向，如美女梳头的剪影。美女山隔五道河与右岸的将军山对望。将军山如一位大将军魁梧站立，守卫着徐家寨，山上有两个天然的大岩石凳子，两个大岩石凳子之间有一个垭口，垭口下方有一个洞，犹如一扇透光的窗户，叫亮窗岩。亮窗岩似乎专门为美女山而存在，将军爱江山也爱美人。将军山前的五道河形成一口深潭，叫老司潭。五道水村一组大湾也有一块巨型石头如将军，当地人称将军岩。旧时有一种说法：将军岩居村西，将军山居村东，东西两方均有将军守卫，徐家寨万无一失。

过了五道河的半河场，就进入沙坝村地界。半河场名称由来已无人能说清楚，根据当地人称五道河为小溪沟，猜想水流汇聚到此应该可以勉强叫河，所以称半河。此处为五道水村边界所在，人们会在此与河流下游的人交换物产，互通有无，形成集市，赶场于此，因此叫半河场。河流在此曾经改道，形成新旧两个河道，两个河道间一山丘，如蛇如龟，当地人称之白蛇赶龟，原河道有潭称之为洗布塘，塘边为刘家院子——徐家寨的早期居民点之一。

六、姓氏人物

五道水村的姓氏较多，以徐姓、谭姓人口居多且聚居，九成为土家族，徐姓土家族身份应该是因为联姻和文化认同。

1. 徐秀仕

徐秀仕为徐家寨徐氏始祖。徐家本有族谱记载族源和家族迁徙的历程，但族谱毁于大火之中，导致失传。据徐家寨人口耳相传，徐秀仕是一位风水先生，一路查看风水，途遇刘沛然、杨胜恒，三人结伴周游天下，寻风水宝地，来到此地，被美景吸引，以300两纹银买下青龙环抱的五溪汇流之地，于此结草为庐，筚路蓝缕，繁衍生息。后不知何故，刘杨二姓外迁，独留徐姓在此守护家园。徐家已在此繁衍三十代，成了真正的徐家寨人。但徐、刘、杨三姓仍视同一姓交往，这种友谊保持至今。寨中最早的一栋房子为徐朝杰家，徐朝杰本姓刘，是刘姓过继给徐家做儿子的，而徐家的女儿，也就是徐朝杰的妹妹，外嫁其他村寨。可见，徐、刘、杨三姓友谊非同一般。

五组谭家院子迁来此地要晚于徐家。谭家院子几乎都姓谭，杂姓曾、向、徐，与谭家均为亲戚关系。据村中人说，谭姓祖辈从湘西麻阳迁入，与来凤县猴栗堡谭姓是一族，此地谭家早期从三胡乡猴栗堡迁入安家，后慢慢发展至河谷下游的沙坝村。据介绍，谭家早年来此地的是一个老母亲带着三个儿子，逃荒到此地，从此在潮湿的河谷安家，后有一个儿子上树砍树枝摔死了，幸存的另外两个儿子长大后成家立业，目前仅谭家院子就已有100多口人。

五道水村山好、水好、空气好，其实最好的还是五道水的人。

2. 姚述成

姚述成的口碑远近闻名，都知道他是一个大好人。姚述成是一位老共产党员，做过村里的副大队长，2017年去世，享年95岁。他的叔伯兄弟英年早逝，留下三个幼小的孩子，他把三个孩子接回家里，一直养大，到成家立业。村民说姚述成一生做好事，没做过任何伤害他人的事情，修桥补路，年年如此，村里哪里有不好走的路，无论风霜雨雪都无法阻止他修路、护路、搭桥的行动，村里村外的大小路上都有他的身影。他还多次带头捐款支援有困难的人。村民说姚述成具有黄金般的品质，他家的家风、家教良好。他不允许后辈占人便宜，公私分明，后辈基本上保持了优良家风，传承至今。

3. 彭述成

彭述成1953年入党，是村里的第一任书记，任职长达二十多年，1998年去世，享年70岁。杉木塘村的彭化堂无子女，是孤寡老人，在老人70岁时，彭述成把老人接到自己家里，赡养至终老。

彭述成严格要求子女，不允许他们做坏事。子女共五个，长子、长女系随妻子改嫁带过来的，他视同己出，五个后辈及子孙都规规矩矩做人，堂堂正正做事。其子彭先均在20世纪90年代村里修公路遇到困难时，出钱两万元，把公路修通了，方便了村里人出行。

4. 彭先均

五道水村天然植被好，自然资源丰富，野生动物多，给人们带来生活便利的同时，也会带来风险。人们长期生活在莽原之中，地处偏僻，远离都市，其健康就需要自理，人们在长期与自然环境相处的过程中，也学会了利用自然保护自己。村里多土医，一般轻伤、小病都会用几味草药医治。20世纪90年代末，黄疸肝炎在村子及周边肆虐，彭先均上山采集多味草药熬汤，染病的村民都来彭家喝药，败毒、泻火和消炎，最终止住了黄疸肝炎的流行，附近村庄的病人也到彭家喝免费药汤疗治。彭先均十几岁学医，认识200多味中草药，还会治疗外伤，会封刀接骨、上夹板。彭先均认为生活在偏僻乡村，更多的还是要靠强身健体，增强身体素质，就医是最后的选择。他从小习武，武术师傅姓彭，咸丰人，师傅一来就住半年，潜心教他。彭先均说旧社会时五道水村习武之人大多是为了保家护寨。

来凤县传统村落

土司故里
——腊壁司村

腊壁司村俯瞰图（唐俊　摄）

一、村落概况

《来凤县志》（清乾隆版）记载：

> 诸土司自唐宋以来，各分疆土，历元而明。其间因兵燹，残阙不可考，至后世仍袭旧职。国朝吴逆作乱，散毛随王师征吴。平，赐将军印，沙溪六洞等处属焉。若大旺、东流诸司归流后仍旧名，为述其姓氏职守云。
>
> ……
>
> 腊壁长官司，世职土官。乾隆元年改设，田封疆安插孝感县。世袭把总。腊壁今编为悌恭里，离县城一百里。

改设后，腊壁长官司所辖旧司、水田坝、铁家坨、社坛溪、濯足溪、三到林、河坡洞、后槽、竹坪寨、五道水、向家寨，均属悌恭里管辖范围。现腊壁司村因系腊壁司衙门所在地，承袭了土司地名，管辖范围只是原腊壁长官司的一小块土地。

逆老峡河方向出旧司集镇，逆新场河右拐经后坝村就进入水田坝，整个水田坝包括腊壁司、核桃湾、马家沟、岩朝门四个村，1949年后曾经叫过水田乡，乡政府所在地位于腊壁司村一组，旧有建筑被毁，现已在原址建成异地搬迁扶贫安置点。

腊壁司村在人民公社时期曾叫过新民大队，但为时不长，又恢复传统名称腊壁司，村委会所在地位于腊壁司村四组。整个水田坝因新场河的孕育，在两匹山脉之间形成一开阔的平坝，加之两山不断为平坝提供泥土，在两山之间冲积成宽窄不等，大致宽2千米的肥沃平坝，适合水稻种植，故名水田坝。水田坝长10千米左右，腊壁司村占小三成。腊壁司村北接岩朝门村，南经后坝村连接旧司集镇，东西两山夹峙，登村西山脉（锣鼓山）可远眺大河镇大坟山的山山水水，翻越村东山脉（雷公顶）经本镇板沙界、东流坝可去高洞村，村东的山脉与板沙界村山脉实为一体，也是新场河与新峡河的分水岭。

腊壁司村有耕地2600多亩，高山、平地各半，水田旱地平分秋色，多森林资源。

村西山脉的连二坨分布着本村的十四、十五两个组，村东山脉叫雷公顶的地方分布八、九、十组，村东山脉北端的五组和六组与核桃湾村接壤，两山间的平坝从北至南分别是一、二、三、四、十三、七、十二、十一组，其中十三组和七组并列，七组紧邻村东山脉。调查发现腊壁司村家家喜喝油茶汤，喜吃鸡蛋炒腊肉。

腊壁司村地理位置图（黄康　绘）

腊壁司村物产丰富，玉米、水稻、薯类、豆类均有种植，现多种桑养蚕，发展经济作物。来凤种桑养蚕历史悠久。《来凤县志》（清同治版）记载，清道光十七年（1837年），邑侯丁公曾刊示其法，教民蚕桑。文曰："但使来邑，无土不桑，无户不蚕，谁谓苏杭之富，荆郢之饶，不复见于此哉！"

整个水田坝在土司时期属腊壁土司管辖，居民以土家族为主，田姓是第一大姓，约占一半。向姓为第二大姓，其他姓氏有段姓、杨姓等。田姓人家多居住在两山之间的坪坝，向姓则居住在东山的后山顶，其他姓氏多围绕这两姓居住，各姓之间多有姻亲。

腊壁司村名人较多，本书选择录入。

1. 田大旺

《来凤县志》（清同治版）记载，腊壁司共 16 任土司，首任土司为田大旺（生卒不详）。元世祖至元三十年（1293 年），明玉珍据蜀时，授安抚参政，辞疾不就。明洪武二年（1369 年），以安抚加车骑将军，承大将军徐达、常遇春，徇下山来，继克西蜀，又剿平洞蛮向天富之乱。卒，葬宣抚山。

本次调查没有发现"宣抚山"这个地名，当地村民知道官坟山这个地方，在本村四组，顾名思义应该是当官的人葬坟之所。过去少文字记载，文化传播更多靠口耳相传，音义经常转换，导致误传，从宣抚山—安抚山—官坟山的演变，遂成今日官坟山。

2. 田封疆

末任土司田封疆（生卒不详）。雍正十三年（1735 年），徙孝感县安插，世袭把总，赐田车百石。后升广东督标守备。乾隆五十九年（1794 年），还乡省墓，卒于腊壁司衙院，葬铁甲山。

3. 田雨卿

清末出生于腊壁司海石寨。1916 年春，率先在来凤多地发动群众，组织"讨袁军"，任副司令。并于同年 3 月率三千人讨袁队伍攻克县城。后追随重庆酉阳仁人志士田品山，于 20 世纪 30 年代被国民党第八十五师师长谢彬诱骗到恩施杀害，终年 39 岁。

村中年长者回忆，田雨卿为人谦和，每次从重庆酉阳回腊壁司，只带一个班的随从，处事很低调，路遇年长者和田姓长辈必离鞍下马让路。

4. 田恩波

1929 年出生，1952 年 4 月参加工作，1953 年 12 月加入中国共产党，土家族，先后任区委组织委员、区委副书记、副县长、县长、县人大常委会主任、恩施州人大常委会主任。先后当选过全国党代会代表、全国人代会代表、全国政协委员。

来凤县传统村落

二、土家吊脚楼

腊壁司的传统建筑目前留存的主要是木制民居，除了民国时期水田坝强人田步云的吊脚楼，其他多是一明两暗的单檐歇山式屋顶木结构排屋，也有青砖（火砖）封墙的木屋，均为青色瓦房。规模较大的建筑群为后山顶向家大院，共八栋木房子，其中一栋为吊脚楼。据村里健在的老人回忆，民国时代瓦屋比较少，多数是茅草屋，三柱二骑，俗称千脚屋，多用玉米秆、茅草、竹块等遮风挡雨。

目前的砖木结构的瓦屋多是改革开放后修建或改建的，只有腊壁司吊脚楼最为古老，现腊壁司村五组4号，一般叫岩院坝，其实以此为中心的这一大块地方叫衙院，也有叫衙园的，就是办公的院子。这个地方曾经是腊壁土司的治所所在。村民说衙院是仙人所修，说明衙院存在的历史久远，在村民心中已成了一个传说。来凤文物部门资料记载如下：腊壁司吊脚楼位于湖北省来凤县旧司乡腊壁司村岩院坝，民国初年田步云所建。坐北朝南，占地面积约400平方米，为典型的干栏式土家族民居，一正两厢两吊，歇山顶，木结构，正屋七间，面

岩院坝吊脚楼（龚志祥　摄）

阔 29.75 米，进深 8 米，厢房面阔 10.3 米，进深 8.1 米，向空悬吊，距地 2 米，上有走廊。正屋与厢房之间为青石铺砌院坝，占地面积约 116 平方米。

岩院坝吊脚楼木工精雕细刻，代表当时腊壁司的最高水平。正屋 3 间，所有窗花造型美丽，以方格为主，横竖均为 12 格，象征月月吉祥，窗户四角以花型装饰。吊脚楼走廊外沿吊骑雕刻绣球和灯笼装饰，呈 8 瓣莲花状，共 4 个莲花吊骑，意味四季莲花盛开，发财发家，与窗花相呼应。

吊脚楼大宗用材除了木材就是石材。每根房屋木柱都用雕刻有精美花纹的石磉礅垫柱脚，以防潮防腐。整个阶檐和院坝全部用条石和块石铺就，做工精细，光滑平整，恰到好处。三间正屋阶檐岩共 9 块条石，象征长久长远。岩院坝高出吊脚楼地面 1.2 米，与 12 格窗花应对。岩院坝石板铺设讲究，顺正屋的平行线（横纹），也就是纬线，一贯到底，共 21 路，与正屋垂直的竖线，也就是经线，错位铺设，纹理如商周青铜器上或宫殿大门上的花纹。从吊脚楼的小路上到岩院坝是 6 步石梯，据当地老人说，原来是 7 步石梯，2018 年铺设水泥路面，撤掉一步，调查发现撤掉的那一块条石还躺在左吊脚楼下。数字在当地传统文化里有特别的象征意义，1 至 6 分别代表东、南、西、北、上、下六个方位，7 代表居中，中心方位。以此推断，上到这 7 步石梯进入岩院坝就到了当地的中心位置，田步云当时在该村的地位也确实如此。

关于田步云的吊脚楼，村民自有说法。村民说是田步云的新屋，因为他之前另有一明两暗三间木结构的青瓦房在现村委会旁边。当地村民建房多相信风水，除去迷信成分，风水其实就是选择采光和通风尚佳之地建房，防潮防湿，优良宜居而已，也就是人与自然和谐相处。村民普遍认为田步云的吊脚楼风水好，地形如金盆洗脸，坐北朝南，与自然是绝配。其实，田步云吊脚楼建在此地可能另有深意，现在只能推测，吊脚楼这个地方从军事角度来说是处于极佳位置，如遇对手攻击，利于防守，同时出行便利。吊脚楼右前方是通往右后方岩朝门方向的驿道，岩朝门村也是以田姓为主的寨子，遇到大事时便于支援，正前方可观旧司镇方向动向，且视野开阔。据村民说，在现村委会一带原有三个小丘陵，20 世纪 70 年代铲平了，三个小丘陵上都有田步云的岗哨，防守时从发现目标到

吊脚楼镂空吊骑和莲花吊骑（龚志祥　摄）

反击目标有足够的时间准备和动员力量，吊脚楼左后方通往核桃湾村，也是田步云的后援力量，是以田姓为主的寨子；同时也是撤退逃跑的首选方向，因为核桃湾与板沙界的大山相连接，便于隐蔽。田步云在核桃湾村八组的仁山（与雷公顶并列，同脉）建有寨堡，作为拱卫腊壁司的第二道防线，现山上只有建筑遗迹，寨堡已拆毁。

吊脚楼曾分配给贫困群众居住，其中就有田恩波母子，母子二人住厢房的磨角，据村民说田恩波母亲为人善良，母子二人1949年前曾在田步云家做帮工。房屋其他部分分配给田恩万、彭金安、姚广客，以及李姓、万姓的贫苦农民居住。现多数人都已搬出吊脚楼，另择新地建新房。

三、古庙、古墓、古井、古寨

腊壁司村原有一座庙宇，毁于20世纪80年代，不少村民为之惋惜，庙址现已为水田小学校址，如今已找不到任何遗存可以追忆那座建筑，唯一可见的就是一些方方正正的大石块，它们奠定了现水田小学的地基和保坎。据村民介绍，此庙原是田家的家庙，也就是田家祠堂，整个水田坝田姓人家的大事小事均在此处议决。

在腊壁司村发展的漫长的历史长河中，田家祠堂的功用慢慢转化扩大，超越了家族边界，变成了真正的庙宇，成为整个水田坝人的庙堂，不分姓氏和地域，是水田坝人的精神皈依之所。

据1933年出生的田述鹏老人说，庙宇原来为两边大屋，正屋高大雄伟，马桑树柱头需两人合围，中间一个四合水天井，庙里原来很热闹，菩萨很完整，所有的菩萨都有，来庙里敬菩萨的人很多。现在在庙址的坚实地基上建成了水田小学，诵经声远去，迎来书声琅琅。

在腊壁司村境内，官坟山上有清代墓葬两处，均为田姓人家祖墓，一处是清光绪二十二年（1895年）立碑，一处是宣统三年（1911年）立碑。除此没有发现其他古墓，但文献上记载了三座古墓，有待进一步发现。

一是腊壁司长官司田耳毛送的墓。在衙院后山，田耳毛送明正统十三年（1448年）袭，天顺七年（1463年）卒。

二是田封疆墓。田封疆乃腊壁司末任土司，卒于腊壁司衙院，葬铁甲头，墓毁于20世纪70年代，现是一块空地。

三是元末明初车骑将军、腊壁司安抚使田大旺送墓。史书记载葬宣抚山村民说田步云家的老坟（太婆的坟）很气派，晚上金光闪闪，实为磷光。田步云的坟算不上古坟，但他是村上比较重要的历史人物，在此记载一下。此坟位于吊脚楼的右前方，其后人于2004年立墓碑纪念。

经腊壁司这条路虽然是小路，也是一条驿道。从旧司镇经腊壁司村通咸丰县十字路的驿道大致走向为：旧司镇—水田坝（腊壁司村）—梅子垭—深溪河—干龙洞—土地坪—十字路。这是一条重要的盐道。

新场河有一条支流叫挑水河，发源于核桃湾村，绕流衙院左侧和左前方，略呈弧形，流经水田小学与村委会之间的空地后汇入新场河。在挑水河的左岸，包山丘（一丘田的雅称）斜对面,建设了一个充分利用挑水河的微弱落差来榨油、碾米、磨面的水碾系统。村民说20世纪70年代还在使用,20世纪80年代,因无人管理,水坝冲毁,现只有一个石碾盘和石轴留在原地。这个水碾系统建于何时无文献资料记载,村民也无从说起,只知道很古老了。根据水碾附近的地理空间运用来分析,应该是土司时期所建的公共水利设施,水碾隔挑水河与衙院相望,水碾的左边是官田,挑水河上游距离碾子不远、邻罗盘田的河段名官堰,水碾运用这一段河流为土司堰,与水碾构成一个完整的系统。

腊壁司村的水系统保存比较完好,且布局合理,运用科学。除了两条河流给予灌溉便利以外,就是水井的运用。村上目前存在且还在利用的水井有三口,水量最大的是龙洞,也叫龙骑宝水井,位于与岩朝门村交界的地方,一、二、三、四、五、六、七组村民生活用水均取自此井,还灌溉部分农田。

其次是高笕水井,位于腊壁司大洞的下方,山脚位置,井水清凉,适合夏日解渴,水量大,算不上严格意义上的古井。因常用竹子笕此水灌溉农田,故称高笕水井。另有一个水井位于村委会和水田小学旁边,紧邻挑水河,人们习惯称大院子水井,由于位置较低,现已不再饮用,仅用于洗涤。

作为土司治所,本应有古寨存在,但现在已没有遗存。一是木制建筑易腐烂,二是人为毁坏严重。整个水田坝曾被咸丰县土匪杨芝香纵火烧毁,以报腊壁司强人田步云（一说是田雨卿）纵火烧毁四方石之仇。民国乱世,官匪合流,百姓涂炭。文献记载,民国六年（1917年）春,杨芝香被举为咸丰县保安第七团副团总。以此判断,火烧水田坝应该是发生在1917年后。

尽管如此,但村民还能说出腊壁司土司时期的"一衙院四寨子"的位置,衙院就是田步云的吊脚楼位置,这四寨分别是夜坝寨、竹坪寨、护印寨、咋谱寨。

夜坝寨,系误读,实为耶巴寨,"耶"在土家语里面有神的意思,巴是坡的意思,耶巴寨的意思就是神坡边上的一个寨子,此寨位于雷公顶山下,挑水河的左岸,与衙院隔挑水河（土司堰段）相望,按此理解应是雷神所在。村民说耶巴寨是一个大院子,这个寨子人最多,最热闹,与核桃湾相邻。

竹坪寨,顾名思义就是生长有许多竹子的地方,民间有"宁可食无肉,不可居无竹"的说法，苏东坡还说"可使食无肉，不可居无竹。无肉令人瘦，无竹令人俗。人瘦尚可肥，士俗不可医"，这些都说明有竹的地方是人人神往的去处。竹坪寨位于现水田小学和村委会这个地方，以祠堂（庙宇）为中心，是一个神圣的地方，田步云的老屋隔挑水河与祠堂相望，具有权力的象征意义。

护印寨，位于岩朝门村，掌管土司大印，世俗权力的象征，此寨处于衙院的右后方，从所处位置来看，执印非此寨莫属。

咋谱寨，咋谱系土家语音译，本应译为咋巴，有村民说是存放田氏族谱的村寨，从转音而转意，故译为咋谱。土家语"咋"的汉语意义是茶叶，咋谱寨就是一个种茶叶的村寨，或寨子周边的坡地种有茶叶。此寨位于核桃湾村，与耶巴寨相邻，衙院的左后方，位置幽静，与外部联系需经耶巴寨地盘，寨子里面保存田氏谱书、四书五经之类的图书，是文化教育的高地，是子子孙孙上学的寨子。

年长的村民心中还留存有茅店子、瓦店子、染行这些名称，这些地名皆是民国记忆了。民国时，向卓安与田步云是同时代的两个村匪，后均被国民政府收编改造。当年的旧司集镇，田步云、向卓安各占半条街，各自对自己所属的半条街道集市抽税。村民说水田坝的一田姓村民在旧司赶场卖米，打行（抽税）太重（拿走米太多），田步云一气之下就在水田坝建立新场，干脆把流经水田坝的河也叫新场河，自此以后，水田坝、三合方向的所有村民不允许去旧司赶集，只允许在新场交易，瓦店子的兴盛应该是新场建立的结果。村民说瓦店子位于腊壁司村二组，房屋很大，后被咸丰县土匪杨芝香烧毁。

四、村庄八景

腊壁司村是个宜居之地，山水林田均衡，自然风光秀丽。用一句话描写就是两山（脉）夹一盆，新场河纵贯全境。聪明勤劳的腊壁司人热爱这片土地，以下用八景概括他们认为较精彩的自然风光。

1. 一把伞

一把伞位于岩院坝吊脚楼的背山,也就是靠山或后山,其中一山峰形如一把伞。村民讲述着一个无法证实的民国时期的故事,说一把伞的地方有棵铁刷子树,传说可以遮蔽酉阳大潭的半边潭日光,因此事,阴阳师查地脉查到此处,找到这棵铁刷子树。当时驻旧司剿匪部队里有个张连长,派人去砍,早晨倾盆大雨,一直下,树没有砍成功,后铁刷子树自然死亡,田步云灭。在来凤不少村庄,村民说到古树都会说到酉阳那边的阴阳师查地脉或外地人来祭祀古树的事情,此说法有部分迷信色彩,属于历史记忆的虚化神化。

2. 石马坡

此地也叫铁甲头,位于二、三组之间,地处村西山脉的山腰部,去往本县大河镇大坟山方向的古驿道旁,有一块石头,形如马尾。腊壁司末任土司田封疆之墓在此处,因田土司下葬时身着铁盔铁甲,葬坟的地方名铁甲头,又因为他的战马石化在此处,所以名石马坡。铁甲头与石马坡紧紧连在一起,其实就是一个地方。

3. 花岩板

花岩板为一块有着美丽花纹的天然石板,此景位于核桃湾村一组。

4. 跳水河

挑水河上一景,位于水碾下游不远处,河中有多步跳岩供来往行人安全过河。因过河要踩着跳岩过河,于是称之为跳水河,此景形成于土司时期,与水碾、围子丘是一个整体布局,以跳水河景点为核心的河岸两侧花草树木相衬,流水潺潺,鸡鸣犬吠,人语吟唱,围子丘挥汗锄禾,一幅农耕年华图。

5. 三步两搭桥

三步两搭桥位于十二组,新场河上的跳岩,与跳水河景类似,不同的是在跳岩之间用木桥连接,不用跳着过河,说明跳岩之间距离较宽。后由于在新场河上筑坝,此景消失。

6. 土地庙

土地庙位于岩朝门村,是护印寨的核心部分。

7. 自生木拱桥与栏杆门

自生木拱桥与栏杆门位于十二组。村民说新场河没有建坝的时候,有一棵古老的麻柳树横亘在河上,行人通过此树过河,非常安全,20世纪60年代树毁。栏杆门是一天然石阵,巨石突起,如石牛狂奔,且规则排列。当地人以九牛十八街命名,农业文明的象征意义较浓,土家人崇牛,每年农历四月初八为牛王节。

8. 雷公顶

此地属于八、九组,是一座大山,位于腊壁司村的东山,是村里的制高点,与后山顶、和尚堡、仁山偎依,与板沙界村的风堡岭相望。曾有诗云:"雷公山顶耸千寻,直插云天惊雁群。耀眼雪光生瑞气,福星高照土家人。"此诗描述的就是腊壁司八景之一的雷公顶。据年长的村民述说,雷公顶景色绝美,过去几十年里多有毁坏,现正在恢复中。

除八景之外,腊壁司大洞也比较有名。民国时期强人田步云在此洞造枪,于是此洞成为田步云的兵工厂或军械所。大洞海拔550米,洞口宽约20米,有人工堆砌的乱石墙,高约15米,洞口外两边悬崖,洞下有一横山小路通铁甲头,上连二坨。进洞直行约30米后洞口收紧,然后需左转进入一宽敞椭圆形大厅,然后洞口再次收紧,右转进入又一宽敞椭圆形大厅,然后一直直行,但洞口多次收紧,形成20多个大小不一的椭圆形石厅。洞内石钟乳、石钟笋均发育比较好,规模较大,姿态万千,有观赏价值。因洞内深处有两块大石如两顶皇帝所赐土司官帽,栩栩如生,有村民认为此洞叫土司洞更加有意义。

来凤县传统村落

洞天福地
——冷水溪村

冷水溪村俯瞰图（唐俊　摄）

一、村落概况

冷水溪村位于大河镇西北方，距离大河镇 11 千米，以苗族、土家族为主，国土面积约 7.52 平方千米，农作物以水稻为主，兼种玉米、土豆等杂粮，经济作物有楠竹 5000 多亩，畜牧业以养猪为主，年轻的村民多外出务工。

冷水溪村地理位置图（黄康　绘）

冷水溪村地形地貌独特，可以用"两山夹一沟"来描绘，沟就是冷水溪河流所经之地，两山就是冷水溪两旁的山脉。东与独石塘交界，西接白岩山林场，南邻落角塘村，北与两河口村、老板沟相邻。冷水溪自西北向东南贯穿全村，然后流经独石塘村汇入老峡河，七个村民小组沿冷水溪两岸分布，从独石塘村逆冷水溪而上，进入冷水溪村，依次分别是一组钟家院子、二组吴家院子、三组向家院子、四组凉水井、五组马道子、六组野猪凼、七组姚家坡，蜿蜒曲折，呈蛇形分布溪沟谷地和两岸坡地，一组紧邻独石塘，七组接白岩山林场。村委会位于二组吴家院子右边的学堂堡。多森林和清泉的冷水溪村是大自然恩赐给人类的一块宝地，冬无严寒，夏无酷暑，洞天福地。

冷水溪村的传统建筑目前成规模的有二组吴家院子和三组向家院子，一组的钟家院子近几年被人为毁坏。古院落与古树共存，山水相配，相得益彰，浑然天成。

1. 吴家院子

吴家院子过去叫柑子坪，为一四面环山的小盆地，冷水溪从二组西北方向流入，从寨前呈半月状环绕而过，从东南方向流向一组，冲积形成一片肥沃的田地，与古寨和四面青山相映成趣，美景如画。

这块田地过去以盛产柑子闻名，所以叫柑子坪，现主要种植水稻。水田后面的坡地就是吴家院子，坡地后面是满山的翠竹。

吴家院子中的老房子修建年代至今均在百年以上，共三十栋古建筑，居民50多户，有吴、杨、潘、向等姓氏，因姓吴的人家居住于寨子的中部且人口相对多一点，于是人们便把此地叫作吴家院子。

吴家院子的左边是向家，右边有一高地名向家堡，高地上有一栋古老房屋，吴家房后面是杨家屋，吴家右后方是潘家屋。寨子的整个后山翠竹满山，竹叶婆娑，呈半月形环绕向家屋、杨家屋、潘家屋后，与寨前半月状的冷水溪共同簇拥着吴家院子和那一方田地。

吴家院子依山就势修建，大致为坐北朝南。位于寨子中心的房屋为吴家院子第一栋建筑，一百多年前失火，后重修，20世纪90年代被房主卖掉，现屋基是一块空地。受现代居住文化影响，有村民在寨子内修建了两栋平房。整个建筑群主要由一明两暗三开间的排屋和吊脚楼组成。排屋也叫正屋，单檐悬山式屋顶，穿斗式结构，多三柱二骑、三柱四骑、五柱四骑，也有五柱六骑。吊脚楼一般单侧设置，与正屋呈直角构成，单檐歇山式屋顶，飞檐翘角，明清建筑风格突显。

2. 向家院子

向家院子位于3组，是一个相对独立的山堡，四面环水，远观如一个防御要塞。冷水溪主河道从寨子后方流过，另有右岸山上发育的一股溪水和冷水溪岔河从寨子前方淌过。两股河水从寨西北流入，绕寨子一圈后从东南流向二组。

向家院子的建筑本身比现在的房屋还要古老，因一次大火烧毁了整个院子，约半个小时一切就化为灰烬，片瓦无存。据村中老人讲述，原来是四合水院子，中间为天井坝，房屋互相连接，前后各一个寨门，建造非常精致美观。大火后为了居住需要匆忙重修，工艺比较粗糙，选材欠思考。但充分考虑了消防问题，改变了原来的建筑格局，现在每家房屋各自独立，有利于防火，但缺少美感。据说重修时，为了尽快建成，咸丰县的木匠师傅都赶过来支援，大家守望相助、勠力同心。

向家院子共6栋10余户人家，户主均为向姓，是名副其实的向家院子。向家院子的房屋为多排屋，一明两暗三开间或一明四暗五开间，五柱二骑、五柱四骑或三柱四骑，朝向多坐西北向东南。靠前的一栋房屋借有利地形建有一吊脚楼，与正屋成直角。其中一栋五柱二骑长三间的房屋，利用地形在房屋的一端修建了吊脚楼，与正屋并不成直角，而是在同一水平线上，这是在来凤传统

向家院子（龚志祥 摄）

村落里较少见的一种修建方式。向家院子人畜饮水均取自冷水溪右岸山上的泉水，无需任何动力，借用地势高低位差，利用楠竹笕水到家，径流式直接到达向家院子各家各户。王安石的《钟山即事》用到此处刚好：

涧水无声绕竹流，竹西花草弄春柔。

茅檐相对坐终日，一鸟不鸣山更幽。

好一个土家村寨！

现在要去向家院子，仍然需要涉水过河方能到达。不过冷水溪上已经建有通往向家院子的桥梁，不用冒险涉水过河，防御功能现已经淡出生活，交往交流交融成为生活的主流。

冷水溪村在古时地处交通要道旁，往北可上白岩山，去湖北省咸丰、重庆黔江，往东经大河镇可达来凤县，南可达重庆酉阳兴隆镇，官道还可通本县百福司镇安抚司村。在通两河口方向的官道上，有一个叫麻湖坪的地方，小地名叫窝凼。麻湖坪、窝凼系土家语音译，麻湖坪就是有蜜蜂的山坡或谷地，窝凼就是有蛇的地方。那里过去曾有一个客栈，方便往来客商歇脚，现只有屋基尚存，石凳还在，客栈院坝的痕迹可寻。

冷水溪村人与自然浑然一体，生态观影响人生观，人们并不想刻意留下点什么，与自然和谐共存，人死回归本真，回归自然，无古墓无古井，遍地山泉水。四组凉水井多，最大的一口，热天凉水、冷天温水，冬暖夏凉，但不是古井。此地因水井多而小有名气，故名为凉水井。

当地还有提前为自己准备棺材的风俗，一般年满50岁以后就开始选择自己中意的木材，请木匠来家为自己打制棺材。豁达的生命观，看淡生死，融于自然，生快乐，死亦快乐。

二、自然遗产

冷水溪村的自然生态绝佳，森林覆盖率在90%以上，沿冷水溪两岸尽是崇山峻岭，满目皆翠，绿意盎然。冷水溪的水冷得益于两岸青山，且水质特别好，可直接入口。林中多古树佳木,且盛产楠竹。因植被丰富,多原始次森林,物种类型多样,被联合国选为中国—欧盟生物多样性项目示范村,成为中国南部山区农业生物多样性可持续管理项目示范村,受到世界关注。因优良的自然生态,空气中负氧离子含量均值为每立方米2000—5000,被称为"天然氧吧"。负氧离子还能灭菌、除尘、消毒、

授予的项目匾牌

净化空气,就像食物中的维生素一样,是人体中不可缺少的元素,有利于改善睡眠质量,改善心脏功能,增加心肌营养,有利于血氧输送、吸收和利用,提高肺活量,增强人体免疫力,还可提高机体的解毒能力,被称为"空气维生素"。对于长期生活在钢筋水泥中的城市居民来说,到冷水溪来一场"森林浴"是正确的生活选择,空气中负氧离子会给你带来神奇效果,神清气爽,舒适惬意,忘记城市的喧嚣,洗征途烟尘,解旅途疲乏,使往日倦意荡然无存。村中多长寿之人,据村委会 2018 年统计,80 岁以上老人有 37 位,最大年龄的杨中汉当年为 102 岁。

冷水溪村珍稀植物较多,尤以我国一级保护植物红豆杉为最,且生存年代古老。吴家院子右边的学堂堡生长着两棵红豆杉,大的树围 2.3 米,小的树围 1.8 米,树龄都在百年以上。据村民讲述,吴家院子左边有棵红豆杉,比现有的两棵古树都大,20 世纪 70 年代砍伐,按户分配,每家都分得一块优质木板。冷水溪村红豆杉野生苗较多,几乎山山有,2018 年村委会组织村民移栽了 15000 株,村民已意识到保护天然野生红豆杉的重要性。

五组九把壶有一古树群落,共有古树 20 多棵,以乌冈木为最大,需 3 人才能将其合围。

五组米家屋场有猴栗树 1 棵,树龄在五百年以上,5 人合围,原来有棵楠木

树长于猴栗树旁边,一般大小,某年冬天遭遇雷击而枯亡。

冷水溪村因森林资源丰富,所以可耕地并不多,最好的一块土地位于一组,是山腰部的一块台地,约 40 亩,据村民说,开沟一行可以种 3000 红薯秧,可见地之开阔连片。而最好的一块田位于二组吴家院子前方,有 10 多亩,出产优质大米。

冷水溪的水源头来自白岩山,白岩山下半山腰有一个出水洞,名为响水滩,据说过去洞口有对岩鼓,后为了引水便利而摧毁。广袤的白岩山林场

响水滩(钟仕维 摄)

的地下水部分从此洞涌出,奔腾而下直达山下冷水溪村的九里十八湾,山环水绕,有湾必有山泉水顺山而下,注入冷水溪,湾湾有水,水穿林间,两岸人家点缀山林。

冷水溪村利用溪水的自然落差修建了冷水溪电站。电站坐落在五组马道子,建成于 2006 年,总投资 448 万元,共两台机组,装机容量 500 千瓦,2007 年并网发电,年发电 250 万千瓦。

从踏沙溪去一组,经钟家院子上雷家坡,在雷家坡的半山腰就会看见一块巨石耸立,特别突出。这块石头,因形状如香炉,当地人叫香炉石,此地小地名也叫香炉岩。香炉石前方有一天然香案,真是绝配。远近村庄的人们多自然崇拜,因此,香炉石被神化。香炉石周长约 40 米,高 20 米,略呈圆形,石上原有棵古树,实行承包责任制分田到户后,雷家将古树伐之,甚为可惜。

香炉石（龚志祥 摄）

冷水溪村的地名不仅有姓氏特色，也有以大自然命名的，如响水滩，还有表方位的，如中岭上，过去是杨姓居住的地方，还有民族语言的音译地名，如窝凼、麻胡坪等。

三、姓氏人物

冷水溪村姓氏多元，多民族共居，按人口数量，杨姓为第一大姓，约占本村人口三成，其次是吴姓，然后是向姓。以民族划分，苗族人口居多数，约占七成，以吴、杨二姓为主；其次为土家族，以向姓为主。按居住格局论，多以姓氏聚居，小有分散，相互交错，形成你中有我、我中有你的格局，寨寨相距不远。

向姓等土家族居民是本地的原住居民，汉族、苗族等数百年来从外地迁徙至此定居安家，各族人民共同建设美好家园。据一组杨姓老人自述，他的祖上是从湖南迁居过来，开始在咸丰县锣鼓坪、湾田一带帮工，后到雷家坡入赘，从此安居下来，繁衍至今。另据吴姓族谱和村中老人讲述，姚、吴、杨三姓人从湖南省新晃龙寨迁到来凤大河，在迁徙过程中，三姓结拜为兄弟，以"再正通光昌胜秀"七字作为三姓共同的排行，传承至今。在各族人民共同努力下，创造了独特的村庄农耕文化，培养了许多优秀的能人志士，共同维护和发展养育自己的家园。

从冷水溪有多处飞山庙遗址，以及冷水溪稻田文化分析，加之吴姓族谱的印证，实证三姓人家确实来自湖南新晃。飞山庙，为供奉少数民族首领杨再思的寺庙，整个武陵地区都有存在，苗侗等各族人民都有建寺庙祭祀，飞山庙在侗族聚居区更多一些，因此，三姓人家早期是侗族的可能性是存在的，在迁移过程中，接受了苗族文化，习得苗族风俗习惯等。

村中艺人（龚志祥 摄）

冷水溪村传统艺人以木匠、篾匠和石匠居多，这与当地的自然物产关系较大。篾匠艺人较多，一些简单的篾活几乎家家都有人会，专业篾匠杨于龙已去世，其手工精细，尤其善织鸟笼，县里养鸟爱好者会专程到冷水溪找他编织鸟笼，如今篾匠手艺传承陷入困境。向家院子的向祖元现已70多岁，木匠手艺是全能，从制作日常木制生活用具到修房建屋都十分精通。

冷水溪村植物种类丰富，多中草药植物。专门从事医术的向子贤是本村有名的土医，现年八十多岁，对治疗肺结核类疾病有独到的方法。钟仕维，自学成才，成为乡村土医，会治感冒、咳嗽、牙疼、支气管炎等，熟悉当地村人得此病症的原因和过程，一般能手到病除，另外，他还是一位篾匠，会编织席子、背篓等。

村庄一些传说的人物皆不可考，无文献证实，但未必是假。传说马道子曾经出了个武状元，姓杨，他能把箭从马道子射到天射溪，两地中间有一道山梁，可见其力大艺高。马道子地名是否与武状元有关，村民没有给出说法，但村民普遍认为马道子是跑马射箭的场所。马道子前方就是陡峭的白岩山林场，马无法逾越，也许是马只能到此为止。传说仇家出了个文状元，仇家位于向家院子左边，冷水溪的左岸。这些传说给冷水溪村增添了几分神秘，激励后人发奋努力。

冷水溪村现任支部书记吴光正，是个能人，也是带头致富人。他生于1963年7月，1994年任村主任，1997年任村支书，至今。早年他做木材生意小有积蓄，同时积累了与木材有关的知识和经验。1994年回村，任主任，2000年承包县皮肤病防治所的荒山800多亩，开始植树造林，主要栽种楠竹、杉树，以竹为主，其次为柳杉，现已满山郁郁葱葱。四年前在山林中开办翠云山庄，现已成为疗养胜地。在他的带动下，冷水溪村家家户户造林植树，爱护森林，造就了冷水溪今日的优质环境。他有一个观点就是"村看村，户看户，社员看干部"，他二十多年来，带头坚持年年植树造林，使环保理念深入村民心中，如今冷水溪村已成为来凤的一个天然氧吧。

来凤县传统村落

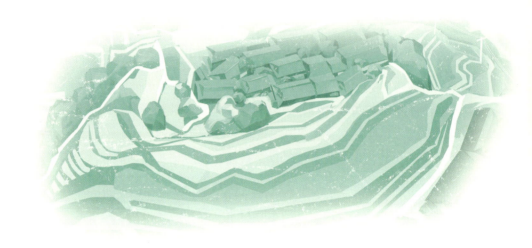

三省守望

——兴安村

兴安村古寨（唐俊 摄）

一、村落概况

兴安村是来凤县百福司镇管辖的一个以土家族为主的村落,位于鄂、湘、渝三省(市)交汇处的武陵山脉深处,湖北省的"南极",也是全省距省会武汉最远的地方,其公路距离超过 700 千米。村东邻湖南湘西州龙山县桂塘镇,西南接重庆市酉阳自治县大溪镇,北与本镇捏车村相交。站在村中的制高点团山堡山顶上,可"一脚踏三省(市)"。该村 2012 年入列首批中国传统村落名录,2017 年入列第二批中国少数民族特色村寨名录。

兴安村地理位置图(黄康 绘)

村委会距百福司集镇 20 千米,距来凤县城约 70 千米。从村里去来凤县城有三条主道。

一条须翻越冉家坡、舍米湖、敖家坡、观音阁，从百福司镇上鄂 248 省道到县城。

一条经捏车坪、塘坊坪到百福司镇上鄂 248 省道到县城。

另一条从湖南省龙山县桂塘镇上龙（山）里（耶）公路，穿越乌龙山大峡谷、洗洛、龙山县城后到达来凤县城。

兴安村是土家族传统文化积淀厚重的村落，无论是语言名称、风俗礼仪、建筑格局，还是人口构成，都烙上了典型的土家族印记。全村彭、田二姓及其亲属占比近八成，其中又以彭姓为最多，占全村人口约六成，土家族人口占全村总人口的九成。

兴安村与舍米湖村、冉家坡、捏车坪的彭姓同姓同宗，从地理位置和名字辈分来看，百福司其他地方的彭姓多为兴安村迁出。张、王等姓在村中也有分布。全村人口集中于几个大寨中，即枫香坪、中寨、大屋、下寨、茶岔溪、瓦场等，另有少量散居人家，下辖 8 个村民小组。各寨均以地势水源选址，星散于山坡，其间古木森森，各寨、屋之间均有青石板相连，吊脚飞檐或条石建成的大院随处可见。中寨、大屋、茶岔溪、枫香坪等寨子规模宏大，建筑格局中体现着清晰的礼序、耕读、防御功能。仅从建筑上就可断定，兴安村曾经历过土司时期的繁荣。

兴安村彭氏和酉水流域其他大族一样，均为沿河上溯而来，系永顺土司、保靖土司后裔。田氏也属他处外迁而来，其迁入路径比较复杂，但均源于湖南。据彭氏家谱记载及田姓老人回忆，明末清初，彭、田二姓先祖迁居此地。乾隆元年（1736 年），此处属来凤县达德乡勇敬里管辖，1933 年隶四区勇敬乡，1946 年隶卯洞乡。1952 年隶五区，1956 年隶卯洞人民公社。1959 年隶卯洞人民公社河东管理区，1984 年隶百福司镇河东乡，1997 年隶百福司镇河东管理区，2004 年隶百福司镇。

全村面积约 11 平方千米。村中地势较为平缓，三省交界处顶峰海拔也只有 800 多米，与山脚的关山河（捏车河）高度差约 400 米，且容易登临。但是站在三省交界的团山堡峰顶，周围群山巍峨，深峡纵横。近旁有腰带山一峰高耸，八面山高耸入云，乌龙山气势磅礴，酉水大峡谷渊深莫测。天气晴朗时，还能看到保靖县与花垣县交汇处的白云山天际线。该村属喀斯特地貌，村内山沟中有几处巨洞，其中以响水洞和龙洞最为有特点，其地质地貌奇特壮观，洞内冬暖夏凉。洞内均有清泉、溪流涌出，涨水不见浑，大旱不断流。幽处深山的环境使当地存在大量珍稀动植物，其中有国家一级保护植物野生红豆杉，还有大量金丝楠木。坡地上遍生的野竹给村民带来大量的竹笋。野猪、黄麂、獐、五步蛇、锦鸡等动物时有出没。

兴安村彭姓家族在建寨选址上，体现了古代武陵山区强宗大姓的基本要求，即攻守兼备，兵农兼得，既靠近酉水干流这条主要通道，又与这条通道保持一定的安全距离。从三交界旁往西南走3千米，可至桂塘镇的二梯岩彭家大院。二梯岩彭姓在酉水流域彭姓中占有突出的地位。繁盛时，此处彭家地广人众，须"跑马种田，鸣锣吃饭"。

大院八字形院门雄伟坚固，跑马场宽大整齐，设施完善。楼宇主次分明，工艺高超，装饰雕刻十分精美、大气。屋后直通山林和兴安村，防御工事隐秘而幽深。以"善读医愚"为家训，尚文风气浓厚，曾经出过一位甲科进士，由嘉庆皇帝所赐的匾牌至今尚存仿品（正品被盗）。

二梯岩彭氏思想开明，虽为土司后人，但大院正中为一汉族戏楼。旧时，此处常年有汉戏名角聚集，曲目应接不暇。南戏既保留了乡戏的语言动作特点，又融合了汉戏的艺术美，不断向周围传播。

现在，来凤、鹤峰、咸丰、龙山等县还保留着南剧团。南剧还被列入国家非物质文化遗产。二梯岩彭姓与兴安村彭姓同宗、同地，往来密切，旧时多有合伙建作坊、商铺，合作兴学、组建家族武装。两地在防御上也可互为首尾。二梯岩对面10多千米就是八面山主峰，那里是湘西百年匪患的源出地之一。彭家大院能在此长盛不衰，离不开兴安村在军事防御方面给予二梯岩的强大支持。

明嘉靖年间，辰州府同知徐珊曾在卯洞督采大木达两年之久，著有《卯洞集》，其中写道："徐子督木卯洞，至止盘顺之中寨里，里故有屋，以需来者。"兴安村现仍有一地名叫中寨，也叫中寨里、中寨外，也叫当朝寨，是全村的中心，大喇宫就在中寨下。现在的村委会、村文化广场也在中寨。盘顺土司在卯洞土司之前，是《来凤县志》（清同治版）提及的卯洞一带最早的大土司，时间覆盖明嘉靖年间。徐珊作为督采皇木的主官，到卯洞后其依据应为土司司治，或司治旁专门安排的衙署。但徐珊并无一字提及盘顺土司，《卯洞集》中的"中寨"是否就是现在的兴安村中寨还有待考古揭开神秘面纱，通过兴安村现存的吊脚楼及寨堡、庙宫的形制，能看出盘顺土司司治规模。兴安村与盘顺土司应当有十分密切的关系。

二、大喇宫

大喇宫的神秘源自文献记载缺失，有待考古和田野调查方面新的发现。大喇宫究竟建于何时？何人所建？建来何用？这一切众说纷纭，目前尚无定论。

大喇宫碑石、残墙（滕树勇　摄）

兴安村北寨口、响水洞对面有一孤山，不高的山顶上苍松巍峨，山坡上是密密麻麻的野竹和牛王刺。从远处看，它是一座毫不起眼的小山。顺着山坡的岩壕子钻进去，你就会看到一处壮观的庙宇残址。整个山体除表层覆盖着浅土外，其余全部是坚硬的青石，庙宇似为就地取石建成，用材十分讲究，大多为巨形条石。庙宇长约70米，宽约40米，周围是长方形高墙，部分寨墙镶于坚石之中，或直接利用山体巨石。北面一石门基本完整，其余均已坍塌。遗址中部有两道墙隔开，上下有30厘米左右的高差。原为高三层的木质建材吊脚楼已不见踪影。散落在地面的一块石碑上铭刻着三个大字：大喇宫。这也是这处庙宇中唯一能找到的文字遗迹。20世纪70年代大喇宫还有古炮楼、朝门、古城墙、三十六步台阶、祠堂、四方碑等古迹存在，毁于20世纪80年代。目前保存完好的有紫阳古墙。从墙址和门推断，此处应为两堂（殿）一院和几处附属建筑。堂中供奉有塑像、牌位等物，据当地老人说，此处原来供奉有彭公爵主、向老官人、田好汉，另有一位是大喇神，比舍米湖摆手堂多了一位。场院的建制类似于附近的舍米湖摆手堂和茶堰坪摆手堂，只是规模较大，结构较为复杂。保存比较完整的那处侧门，不像舍米湖摆手堂和茶堰坪摆手堂那样直通院内，而是在门外加了一个转角，从外面看不见院内的情形，其防御功能颇为明显。前后两院的结构多利用地形地势的险要，攻防兼备，更不同于前述两处摆手堂。

大喇宫供的当然是大喇王。从记录及传说看，这位大喇王很有可能是来自大喇司的彭姓土司。综合《永顺府志》（清同治版）和相关史料，明初保靖的彭万里归附后，其地设保靖宣慰司，统领白崖等28个村寨。其下两江口长官司（两江口即现酉水与其主要支流梅江交汇的石堤、里耶一带）虽名义上归保靖宣慰司管辖，实则各统一方。两江口长官司为大喇司始祖。

两江口长官司与保靖宣慰司的长期争斗中，一部分彭姓人家为避战乱或仇杀，溯酉水而上，在龙山、酉阳、来凤诸县开枝散叶，渐成气候。兴安村至捏车坪为酉水上溯来凤第一关，当为彭氏迁入来凤形成气候最早的地方。

另据当地传说，大喇宫也有可能是贵州苗族所建供奉山神的庙宇，或为与土民合建共用。大喇宫距酉水主河道4千米左右，与关山河河谷相通，均为下坡下水路。兴安村一带多巨型楠木，俱通过茶岔溪、关山河，甚至直接顺坡而下，均较易架厢运木至酉水主河道。徐珊在兴安一带取木应可断定。徐珊从黔东北一带征用而来的木夫达数千人，而且他们多为苗族人民。他们远离乡土，长年在深山采木，随时面临伤亡，为了寻找灵魂的皈依，建一座庙宇以供奉神灵，尚在情理之中。

而兴安村彭姓多认为，大喇宫是彭姓家庙。从大喇宫所处的位置和建筑格局来看，它似乎和舍米湖摆手堂、茶堰坪摆手堂的功能很相似。但"大喇宫"三字，显示它绝不只前述两处神堂的功能。大喇宫是兴安村曾经繁盛的标志，也是兴安村留给后人一个待考的秘密。

三、中寨和大屋

中寨南院占地面积为500多平方米，有大木房，曾长期用作私塾。寨子周围是巨石砌成的高墙。院外拥围着大片树林，使整个院落幽深、神秘。院门两边为八字山墙，上有四个龙飞凤舞的大字，左边是"腾蛟"，右边是"起凤"。

中寨寨堡大门（龚志祥　摄）

门下有宽大整齐的石阶，进院需拾级而上，进门时会顿生雄伟之感。门顶的石梁已经损毁。进院是层层叠叠的石院坝，现在还保存着清末民国时的木屋。

中寨学堂的房屋从规模、制式看，不亚于民国时期百福司镇有名的公学学堂桂林书院。由此可见兴安村在兴学方面的意愿和成就。这也可能是兴安长盛的根本原因之一。现学堂原址上有一栋年代不长的一明两暗的排屋，学堂原址后面有一栋吊脚楼存在。学堂原址右边紧邻官道，西通重庆酉阳的老寨，北通百福司镇，南接湖南桂塘坝，地处交通枢纽。

兴安村跳摆手舞的历史悠久。据来凤县民俗专家唐洪祥介绍，1956年，国家民委派员到武陵山区调研民族情况，其成员之一的潘光旦教授在湘西听说百福司镇有一种叫舍巴的舞，1956年6月13日，潘光旦教授一行从湘西龙山到达来凤县城调查了解土家人和摆手舞。来凤县有关部门从事民族文化调查时，在舍米湖村发现彭祖裘、彭荣梓等摆手舞传人，这一契机使这一土家族的标志性艺术成就得以重现天日，复兴昌盛。当时兴安村也有几位健在的摆手舞师傅，其中还有女性，他们所跳的摆手舞与舍米湖的摆手舞动作完全一致，且在衣着、歌曲上更加奔放自然，可惜阴差阳错，兴安村的土家族摆手舞错过了最好的复兴机遇。但中寨庙堡摆手堂的功能是确定无疑的。

与舍米湖的摆手舞动作一样，兴安村的摆手舞动作均来源于生产生活和战争、祭祀活动。新中国成立初期，兴安村仍有不少村民会跳摆手舞，还有不少妇女也跳得好，极能展示摆手舞的神韵。在此后的数十年中，兴安村摆手舞处于自生自灭状态。直到近年来土家族摆手舞复兴，兴安村被纳入中国少数民族特色村寨，兴安村土家族摆手舞再次受到重视。现村中设有摆手舞队，队员达100余人，可随时做展示表演。只是当地的老舞师多已长眠于山林，无法把先祖的技艺传承给后人了。

中寨除作为神堂使用外，还建有防御工事，虽然只剩下墙基，但从巨大整齐的石块和宽厚的墙基上，仍然可以看出当年防御工事的宏伟、坚固。寨中掘有水井，水量充沛。旧时，兴安各寨的盐米、武器多有藏于中寨，一旦遇有强敌，则可踞寨坚守。新中国成立以前的数百年间，兴安所处之地各方势力纠结，既有官军驻扎于衙署，又有民团进出于寨堡，还有匪徒盘踞于山林，流寇及盗贼也时有过往。兴安立寨的首要事务当为防备。枫香坪、古学堂、中寨和茶岔溪的龙洞、响水洞一起，构成犄角形防御体系。

彭氏在中寨南建有大屋。老石板道连接着中寨与大屋。大屋寨口有一棵数百年树龄的金丝楠木，树干高壮，枝繁叶茂，形如华盖，目前已纳入古树名木保护名录。近旁另有山林竹木苍翠。金丝楠木下有一口古井，长年不涸。与枫香坪、中寨及桂塘镇二梯岩彭家大院一样，大屋周围也建有石墙，虽已残存坍塌，但仍可看出当年的气势，村民说寨子前有四合水天井，后有大木屋，气势恢宏。主寨门在寨南，留有残墙，也是八字门朝门，朝门坐西朝东，门两旁有石壁和题刻。墙内是石板镶成的院坝，中间有一栋五柱四骑、正开三间的大木屋。大木屋后另有多栋房屋，现已不可见，只能从残存的墙基上推断。大屋的朝门、石梯保存完好。

大屋遗址及金丝楠木（滕树勇　摄）

大屋位置较高，可俯看全村各处，退则可迅速翻过王家界进入重庆境内。大屋前及左右是大片缓坡，也是兴安村主要的耕地。现经过土地整理，已建成标准化梯田，种植十分便利。

三、土家吊脚楼群

兴安村现保存完整的山地吊脚楼群，从形制、工艺、规模和与周围环境的融合程度来看，在酉水流域甚至武陵山区都具有代表性。目前全村的吊脚楼保存完好的有 62 栋，主要集中在枫香坪、茶岔溪、中寨、瓦场、滑石板等村寨。其中又以枫香坪和茶岔溪更为集中。枫香坪的居民以彭姓为主，茶岔溪则以田姓、彭姓居多。

1. 枫香坪

枫香坪在村西山腰一块撮箕口形的坝子上，西与重庆市酉阳县大溪镇地界相连。寨中有四栋大屋，均为一正两吊，外形宏伟、建筑精美。大屋依山而建，沿山脚列成一排。屋前有一大坝子，铺有石板，为晒谷、训练和举行祭祀、庆典活动之用，现在已基本上被农田占据。寨后有大片山林一直延伸到王家界，其间有一小溪，四时清流不断，不仅为寨子提供了饮用水源，还可滋养一坝水田、旱地。据传，明末清初，彭、田二姓先祖迁到兴安村开疆拓土，繁衍生息，按照土司区划，属百户司管辖。寨中多建有石墙，各楼之间有石道相连，有石道夹在楼房之间形成石巷，有防御功能。近代，兴安村鼎盛时期曾有 130 多条枪和 2 门大炮护寨，与南来北往的兵、匪多有激烈战斗，最终都以护寨成功结束。

2. 茶岔溪

茶岔溪，土家语意为喜鹊聚集的地方。原称黑皮寨，是酉水流域典型的土家族山寨之一。寨子位于村东山沟中，东南面靠月亮堡山坳，山坳为鄂、湘分界处，是通省大道必经之地，北接百福司镇，南连湖南省龙山县境，因山坳建有凉亭方便过往客商休息，此坳也叫凉亭坳。寨中古木参天，小溪穿寨而过，清泉四季长流，梯田、旱地罗列于周围，密林拥围于陡山。寨子中的吊脚楼群现为来凤县文物保护单位。

茶岔溪吊脚楼（唐俊　摄）

整个寨子在大片树林中若隐若现，高低错落。每栋木房均依山就势而建，互相独立地选择住宅地基和朝向，并不讲究对称，但基本上为南北向，于自然中体现整体上的规整。寨中吊脚楼多属一正两吊的"双楼子"格局，平面布局呈L形或"凹"字形，单檐歇山式屋顶，上盖小青瓦，飞檐翘角。这种样式在土家吊脚楼中规格很高。主屋大多是面阔三间，少数为面阔五间。在功能上，中间的堂屋是整栋房子的中心，两边是卧室和厨房，楼下堆放农用器具等杂物，或圈养牲畜。堂屋是全家共有的空间，家里的重要仪式，如祭祀祖宗、结婚、丧葬等都在堂屋进行。堂屋正面设有供奉祖先牌位的神龛。厨房设有火塘，用来做饭。居住习惯一般父母居左，儿子居右。民居结构是南方地区穿斗式结构中比较特殊的一种，按照建筑本身的进深大小，常见的有三柱二骑、三柱三骑、三柱四骑、五柱四骑，有的加二柱二骑，吊脚楼两边的厢房，一左一右，严格对称。底层比堂屋矮2米多，设牛圈，大多数有柱无壁。

茶岔溪现存代表性的吊脚楼建成年代最早的为清末，最晚的为 20 世纪 90 年代。吊脚楼群朝向各有不同，均依山形地势确定，依缓坡而建，讲究采光通风，与山水林田协调一体，极有美感。吊脚楼群均由正屋和吊脚楼两部分构成，有的配有偏房，采用单吊还是双吊要根据空间和地形确定。正屋平面布局明间为堂屋，次间为卧室。正屋阶沿条石砌成，院坝绝大多数为青石板铺砌。

田顺贵、田光荣两父子家的吊脚楼始建于清末，朝向南偏东，占地面积约 255 平方米，由正屋和两边的吊脚楼组成。另配以少量附属建筑。正屋面阔三间，四柱五骑，东侧偏房两间四柱五骑，单檐悬山式屋顶，上盖小青瓦，正屋两侧设置吊脚楼，一侧成直线，一侧成直角排列，平面布局成"凹"字形，飞檐翘角。

张池民、田清国、田清秀、李洪贵、张正国等家吊脚楼建于 20 世纪 60 年代，占地面积均在 140 平方米以上，其中张池民、田清国的吊脚楼占地面积达 425 平方米。张池民、田清国正屋采用双吊，两侧设置吊脚楼，一侧成直线，一侧成直角排列，平面布局成"凹"字形。田清秀、李洪贵、张正国吊脚楼采用单吊，平面布局成 L 形，院坝均为青石板铺砌。

田光德、田光进兄弟家于 20 世纪 80 年代在村庄修建了一栋吊脚楼，占地面积 325 平方米，正屋两侧为双吊式吊脚楼，平面成"凹"字形。田清友于 20 世纪 80 年代修建的吊脚楼占地面积 142 平方米，平面布局成 L 形，为单吊式吊脚楼。

四、三省界碑

湘鄂渝三省交界碑，位于兴安村西南方的三交界山顶，此地又名团山堡，海拔 750 米，由三座浑圆形的小山堡相依相偎组成，象征鄂湘渝三省（市）的团结友好，彼此不分。

曾有清代石刻界碑立于此，因年久毁损而遗失，至今没有找到。现山顶的大青石界碑，立于 1979 年 3 月 21 日，石匠为该村彭南和。界碑为青石质，由碑座和碑柱组成，碑座为正方形青石块，边长 4.5 米，碑柱的截面为三角形，碑柱有三方立面，立面高170厘米，宽40厘米。每个立面书"湘鄂川三省交界之地"，三个立面分别对着湖南、湖北、四川（现为重庆）。1996年、2008年，团山堡上又另立了两块界碑，分别为湖南和重庆所立，形制及刻字与老碑同，高矮尺寸略有差异，2008年的界碑为汉白玉。

近几年来，兴安村开发了旅游项目，在接近山顶处新建一停车坪，并立一块石碑介绍当地人文地理情况。修建了一条登顶石级，对山顶界碑周围的杂草、乱石进行了清理，形成一块约300平方米的观景坪。站在坪中，湖南桂塘镇就在眼底，湖北百福司镇和重庆五福镇隐入身侧，酉水向西南浩浩而去，乌龙山、八面山、洛塔界、大灵山、白岩山、白云山等大山由近及远，层层铺展，绵延不绝。再俯瞰眼前的兴安老寨，仿佛能听到遥远时代土司征伐的号角，看到土家山民筚路蓝缕、开疆拓土的历程。2011年，三省界碑纳入来凤县第二批县级文物保护单位。

五、古墓

兴安村接受汉文化较早，汉化程度较高，从古墓葬可以略见一二，同时，从古墓的碑文内容也可看出村庄亲和团结，各民族亲如一家。

兴安村内有一座古墓，墓主逝于光绪二十四年（1898年），现保存完整，规模宏大。墓志铭显示墓主彭母田老恭人为田正明之妹。田正明在当时是何等著名人物，碑文为什么如此书写还是一个谜，有待后人发现。

胖子屋场边有一古墓，系彭家祖坟，彭公兆富老人之墓。墓主逝于道光二十四年（1844年），77岁终。现胖子屋场并没有房屋存在，空留地名。

兴安村民祖上多从湘西移民过来，因此故，先祖墓葬多在村界靠湖南方向选址。茶岔溪田姓祖坟就在邻近本村的大块土这个地方，苍松古柏相伴，此地属于湖南省管辖。起祖田仕富老人之墓碑风化严重，字迹已模糊难辨，年代不可考。第三代田正明老人及其父亲也均葬于此，碑文记载父生于乾隆四十年（1775年），殁于咸丰三年（1853年），有二子二女，一子出姓贾家名懋相，一女就是前文提到的逝于1898年的墓主。田正明老人逝于光绪十三年（1887年），92岁终，光绪十四年（1888年）立碑纪念。田正明父亲墓的右边为田母彭氏老孺人之墓，系田正明老人儿媳。

田家祖墓（龚志祥　摄）

六、物产生计

传统的兴安村民亦农亦商，地处通衢古道旁，靠商而富，靠农而稳，现在仍然保存着这一传统。因距湘西商业重镇桂塘只有两千米，比去百福司镇近许多，村民赶场一般都去桂塘镇，生意上与桂塘镇结合紧密。两边婚姻往来也早已水乳交融。

全村历来农商并举。种植以水稻、玉米、土豆、红薯为主，养殖有武陵黄牛、山羊，生猪养殖是传统产业。山上竹林遍布，每逢春末，有大量竹笋采集上市。

山中多桐籽树,所产金丝桐油为当地特产,卯洞闻名于外的"万担桐油下洞庭,百万杉条达九州"的美名,其中就有兴安盛产的桐油的功绩。油茶树遍布全村各处,所产茶籽、茶油质优而量大,自用之外多有余量用于交易。

村中建有多处桐油、茶油坊。茶岔溪的李二秀,是民国时期当地出名的油坊主。李二秀是湖南桂塘镇人,嫁到了田家。兴安一带的女子多吃苦耐劳,胆大心细。李二秀更是聪慧坚毅,心细而又果断,既善于捕捉商机,又善于在匪徒横行的险恶环境中平衡各种关系。李二秀先在去往桂塘镇的垭口月亮堡上自建油坊,生意做大后,她主动引入桂塘商人合建大油坊。月亮堡油坊一年四季为三省边区山民榨油,李二秀自建有骡队,常年聘请挑夫,往来于百福司镇、桂塘镇、大溪镇、酉酬镇、召市镇、咱果乡一带。李二秀儿子老田的老屋中现在还摆放着几只大木桶,每只可储备茶油三百斤。他说当年他母亲仅在自己家中,就放置这样的大桶几十只,常年储有茶油、桐油。

李二秀使用过的木质大油桶(滕树勇　摄)

李二秀去世时，给子女留下一整箱钱币，可惜早已不知去向，令老田时时懊悔没能妥善保存。

兴安村古老的木榨油坊、油匠们辛勤劳作的场面仍然在村民的记忆深处保留，榨油时每两人一组，工具为吊甩锤，一边喊着号子，一边默契地劳作，榨油时的动作有"古树盘根""张果老坐月""鲤鱼打挺""鹞子翻身"等，这些劳动的场面随着岁月流淌进入土家族的摆手舞中，丰富了舞蹈的内容。近年来，村里升级油茶产业，引入企业建成专业合作社，新种油茶树2000余亩，长势良好，现在部分已进入采摘期。

西瓜是兴安村的另一特产。兴安村的水土、光照条件良好，十分适合西瓜生长。所产西瓜个头大，瓜瓤鲜红而味甜，是三省边区及鄂西南的"来凤西瓜"的代表性产品。当地西瓜种植历史悠久，但因地理偏僻，运销不便，规模一直限制在数百亩。道路条件改善后，西瓜种植业在当地进一步兴旺。目前兴安各家各户均有种植。炎炎夏日，每有访客前来，兴安人均会热情地用最好的西瓜招待。

兴安村一度以烟叶种植、生猪养殖和采石打砂为主业。在全域旅游和新农村建设启动后，全村的重点发展方向已调整为生态农业和旅游业。油茶、藤茶、西瓜、药材、辣椒、生姜等的种植均已初具规模。由于自然植被恢复良好，现在竹笋、榛子等也成为增收和吸引游客的佳品。吃土家饭、讲土家语、穿土家衣、住土家吊脚楼、唱土家民歌，茶岔溪等地开始成为乡村休闲旅游的好去处。中寨还建起了农家乐，以"一脚踏三省农家乐"最为突出，修建了观景台，并配套有果园采摘。

七、《深山歼敌》往事

新中国成立前后，兴安村以南15千米处的八面山一带集中了上万名湘西土匪。蒋介石试图以湘西为据点反攻大陆，八面山巨匪瞿伯阶、师兴吾、师兴周等人分获师长等职，凭险死守。1951年初，经我军大规模清剿后，仍有股匪潜伏于八面山的深山巨洞中做困兽之斗，妄图长期潜伏在大陆从事特务活动。为了强化特务活动，国民党几次向八面山一带空投物资、派出特务。1953年2月26日晚11时，卯洞公社河东片区三交界哨所的民兵听到夜空中有巨大的轰鸣声，隐隐约约看到有奇怪的伞状物飘落在对面的腰带山上。几位执勤民兵分析情况后，认为轰鸣声极有可能是飞机发出的，飘落的东西则很像降落伞。他们立即向上级报告了这一异常情况。此前来凤县方面曾接到情报，因此，接到河东民兵的报告后，县人武部、县公安局等单位迅速组织武装力量，赶往卯洞公社河东片区。湖南省龙山县和重庆酉阳县的大批武装人员也赶到事发现场。一场围歼特务的行动就此展开。

《深山歼敌》画册内页（滕树勇 摄）

从1953年2月27日起，卯洞公社河东片区的冉家寨、塘坊坪、捏车坪、茶岔溪、三交界、跑马坪、响水洞及湖南境内的腰带山、月亮口和重庆大溪、二坪、老寨、一碗水、十里铺等地，民兵的牛角号响彻山山水水，"抓特务"的声浪震耳。数以千计的士兵、民警、民兵把空降的特务从河东一侧的响水洞（现属兴安村地）

撑向腰带山。3月1日，围歼队伍在腰带山的树林中击毙敌特组长，活捉其余3名特务，其中湖北活捉2名，湖南活捉1名，重庆消灭1名，湖北缴获全部空投物资。因围歼特务的英雄事迹，河东民兵受到省军区嘉奖，授予"河东英雄民兵营"称号。

1971年春，湖北省军区指示恩施军分区以河东围歼特务为题材，组织创作连环画。恩施军分区即指示来凤县人武部开展基础工作。

来凤县人武部成立了以武装干事刘连源为领队的指导组，抽调县文化馆陈一豪、陈光述、吴帮宁，县党史办张兴文，县印刷厂白道钦等人，成立连环画编辑小组，着手创作事宜。其中张兴文负责文字脚本的创作。

编辑小组成立后，即开始熟悉题材，并很快开始了第一次实地写生。当时河东片区没有公路，他们在卯洞住下后，每天早晨乘渡船过酉水河，徒步翻越敖家坡大山，每天往返近50千米，去冉家寨、塘坊坪、捏车坪等地写生，通过五天努力，小组第一次写生顺利完成。

由于事发时间已过去近20年，记录材料十分有限，连环画的文字脚本迟迟没有完成。素材画的积累过程十分辛苦。编辑小组的成员们挤在窄窄的房间里，没日没夜地画。当时生活条件十分艰苦，每天仅有8两[①]粮食供应，但编辑小组还是努力进行创作活动。只不过因创作经验相对不足，他们的工作进展与省军区的要求有明显差距。为了提供更好的创作条件，春节前，恩施军分区把这个编辑小组安排到了军分区内，又从恩施市抽调了一名美术创作人员辛克靖加入编辑小组。经数个月奋战，编辑小组完成了1000多幅素材画的创作。

由于编辑小组的成员还承担着本单位的工作任务，创作活动基本上是零碎地进行。省军区有关部门检视了恩施军分区的这次连环画编辑成果后，决定进一步加强对这次创作活动的支持，从武汉市聘请了两位专业画家薛俊一、贺飞白加入创作团队。原编辑组美术创作人员只保留陈一豪[②]。创作的方向也进行较

[①] 1两=50克。
[②] 陈一豪，来凤县本土知名画家，毕业于华中师范学院（现华中师范大学）美术系。1958年响应号召自愿支边，1971年夏天，陈一豪随创作组到武汉创作《深山歼敌》连环画。

大的调整，虽然核心内容基本没动，但绘画素材不再拘泥于来凤县甚至恩施州的自然环境和人物、生活。新的编辑组成立后，省军区组织他们到鄂湘川黔边区，进行了大规模的采风写生活动，几乎围绕整个武陵山区转了一大圈。

1972年12月，由湖北人民出版社出版了一版一印《深山歼敌（上）》60开本连环画，封面彩页由著名画家尚阳创作。精美的画页、精彩的故事，使连环画册一经出版即引起巨大的轰动。1973年9月一版一印《深山歼敌（下）》60开本连环画问世，单版印数达到1150000册。短短数年间，《深山歼敌》多次翻印，在中国内地及香港地区的印数近400余万册。

参与创作的所有人员，没有一人在画册上留名，创作者只有来凤县革委会、人武部、湖北人民出版社美术组。创作者在经过将近两年没日没夜的创作后，没有享受一天补休，但所有创作人员没有任何怨言。

连环画《深山歼敌（上）》讲述的是1949年秋，中国人民解放军执行伟大领袖毛主席向全国进军的命令，某部石营长率领部队追剿国民党残匪至川、湘、鄂三省交界的河东（现兴安等五村）一带。国民党土匪纵队司令彭卓安与当地寨主胖头鳌相勾结，妄图负隅顽抗。根据毛主席"革命战争是群众的战争，只有动员群众才能进行战争，只有依靠群众才能进行战争"的教导，我军连指导员李毓林奉命带领一个小分队来到河东土家族、苗族山寨，发动群众，建立红色政权和民兵武装。深受土匪、寨主压迫的土家族、苗族人民和解放军团结一心，英勇奋战，把土匪消灭在鹰嘴岩穿眼洞。在战斗中，民兵队长张猛刀劈胖头鳌，狡猾的匪首彭卓安却只身潜逃。

连环画《深山歼敌（下）》讲述的是新中国成立后，彭匪贼心不死，阴谋与特务勾结，但两次空投特务全部落入我方布下的天罗地网。河东土家族苗族人民和解放军一手拿锄，一手拿枪，组织大生产，保卫胜利果实，巩固无产阶级专政。全部歼灭两次空投特务，缴获了大批空降武器，生擒了匪首彭卓安。河东民兵屡立战功，荣获"英雄民兵营"的称号。

八、姓氏人物

村庄人杰地灵,多教书、经商人士。民间歌手舞者家家有,喜唱民歌,善跳摆手舞,20 世纪 70 年代就有群众自发组建的文艺宣传队。据茶岔溪田光德先生讲述,田家祖祖辈辈唱山歌,传承从未中断,人人都能出口成歌,随口应答。兴安村传统上重教重学,除中寨学堂外,张家屋场过去曾是彭家的寨子,寨子中有私塾供村庄子女发声启蒙,枫香坪古寨内也设有学堂,代际传递。

1. 彭美凤

生卒不详,清代拔贡。

2. 彭大兴

1925 年出生,土家族,中共党员,1945 年参加中国人民解放军,曾参加淮海战役和抗美援朝战争。

3. 张茂胜

1928 年出生,苗族。1951 年随同李毓林在腊壁车黑洞(湖南省龙山县友谊村)剿匪战斗中腿部中枪负伤。

4. 彭南和

1929 年出生,土家族,祖籍湖南省龙山县,兴安土家语著名传承人,是有名的石匠,土家文化研究专家唐洪祥先生所著《常用土家语》一书,大部分内容根据彭南和先生的录音整理。

5. 田光贵

1946 年出生,土家族,祖籍舍米湖村,中共党员,曾任河东大队副大队长,河东英雄民兵营营长,原河东乡人民政府乡长,2006 年退休,现住村内。

6. 田永才

1949 年出生,土家族,中共党员,兴安地方一台戏的创始人,曾任兴安村民兵连连长、村支书,曾当选全国人大代表。

7. 彭南清

1962 年出生,土家族,中共党员,摆手舞传承人,发掘整理和弘扬土家族民俗文化的先行者，曾任兴安村党支书兼村主任，先后当选州、县人大代表，县委委员。2010年，入选第二批省级非物质文化遗产项目代表性传承人。

8.彭大正

1962年出生，土家族，中共党员，民间文艺宣传能手，兴安文艺宣传队队长，"兴安地方一台戏"的组织者和编导，乐队的主乐手，曾在村委任职。

9.彭承忠

1963年出生，笔名河东，土家族，祖籍湖南湘西，出生于来凤县，中共党员，中国作家协会会员，恩施州作家协会副主席，来凤县作家协会名誉主席，现就职于政协来凤县委员会办公室。出版文学作品集3部，自编自导影视作品1部，在各大媒体发表文学作品100余万字，曾获《中国作家》征文一等奖、《小说选刊》征文一等奖、《延边文学》征文三等奖、恩施州"清江文学奖"提名和恩施州精神文明建设"五个一工程"奖。

走近

阿塔峡湾
——渔塘村

渔塘村俯瞰图（唐俊　摄）

一、村落概况

渔塘村位于来凤县漫水乡,地跨酉水东西两岸。村中多深潭,渔业昌盛,故名。又因山水雄奇、民风淳朴,2014年,村里的上渔塘和相邻的兴隆坳村落衣湾入列第三批中国传统村落名录。落衣湾原属渔塘乡,1984年渔塘设村后,落衣湾划归漫水乡兴隆坳村管辖。

渔塘村南距漫水乡约15千米,北距来凤县城约35千米。东邻湖南省龙山县,西接漫水乡兴隆坳村,北与来凤县绿水镇康家沟村相交,南靠漫水乡社里坝村。

目前全村已建成通村达院的公路网,并新建了村民文化广场、村卫生室等。河东的矮龙坝、木姜岭两个寨子有人行索桥与西岸相连,可通摩托车,较大的机动车辆需绕行龙山县境才可达漫水乡和来凤县城。

渔塘村全村地理位置闭塞,四周被高山拥围。村界自北部的犀牛潭始,南部的阿塔峡终。这一带约六千米内的酉水西岸,散落着十几个寨子,有的在河边的平坝或缓坡上,有的在山谷或高岭上。其中,较大的寨子有王家院子、犀牛潭、上渔塘、峡马沟、鸦草铺、孝竹坪、八合溪、下渔塘、黎家坡、新寨、沙子坡等。这些寨子连同酉水河东岸的矮龙坝、木姜岭、黄家坝等寨子,共同组成现在的渔塘村。

渔塘村是武陵山区腹地的一处土家族、苗族、汉族等各族杂居的村落,是漫水乡的一个大村。全村现有25个村民小组3000余人。耕地2000余亩,林地万余亩。因塘口水电站蓄水,全村水域面积扩展到5300余亩。

土家族、苗族等少数民族占全村人口的80%以上。村民以向、田等姓村民居多,其次为黄、雷、黎、彭、曾、张、陈、刘等姓氏。向姓人自称先祖是从湖南常德迁来的,家先上写"河内堂"。田姓、向姓迁入年代均在两百年以上,已在渔塘村传承十几代人。田姓人自称先祖从湖南辰州府莲花池迁入,家先上写"紫荆堂"。

受制于高山大河的阻隔,直至20世纪末,渔塘村才有砂石公路通往来凤县城。在此以前,从渔塘村去漫水乡的主要通道是酉水。酉水在矮龙坝和沙子坡之间拐了个大弯,弯过全村最肥沃的那片大坝——龙家坪后,一头闯进幽深险峻的阿塔峡。高山对峙、恶滩相连的阿塔峡曾经是渔塘村的主要出路,也是老渔塘人刻骨铭心的痛。

渔塘村是传统的鱼米之乡。靠山吃山靠水吃水,渔塘村因此获名,捕鱼捞虾是该村的传统产业。村中多有撒网放钓的好手,田家大院有几个老渔客,能像鸬鹚一样扎进犀牛潭中徒手逮鱼。河鱼的品种主要有鲤鱼、草鱼、岔口鲢、大黑背、黄牯头、淘沙鱼、马口鱼、石花鱼、白条、"牛尾巴"等,近年来河中还出现了大量小龙虾。一位姓向的村民建起40余亩虾池,所养的清水大虾成了附近城镇的抢手货。另有一姓向的村民建起了休闲养殖一体化的农庄,主要养青鱼。传统中多了些许现代产业因素。

渔塘村一直沿袭着造船的传统。公路进村前二十多年间,漫水乡有一田姓船匠带着一帮徒弟,每年都来渔塘村,在酉水西岸结棚造船。他们可造载重三吨的大木船,也可造打鱼的小舢板船。木船用杉木制作船身,楠竹或铁作卯钉,糯石灰浆勾缝,本地金丝桐油浸木。田船匠不仅手艺好,而且动作快,一艘大木船,十几天就可完工。目前,村里还有一位能造船的师傅,主要是造捕鱼、过河用的小舢板船。

放木曾经是村里的主要经济来源。向要才从十八岁下水扎排,最难扎的底排他做了一年就内行了,并排、上扣、安棹、定桡、削橹、打排后复排,都难不倒他。他很快就从艄公长进为头工。六丈长的双层木排,别人要一个头工加一个艄工才敢下滩,他一人就敢漂下拖船滩。拿工分的他,工夫比得上拿工资的县水运队的老木客们。黎中友年纪不大,算是渔塘村最后一代下滩的船工,他曾数十次放船去漫水老街。

渔塘村境内这段酉水河,因水急浪高,村民习惯称之为笑水河。河流不仅孕育出两岸绝美风光,也形成良田沃土。加之亚热带季风气候,肥沃平坝使渔塘村十分利于种植水稻、玉米、油菜、花生等粮食和油料作物,土豆、红薯等则随处可种,高产而优质。黑猪、黄牛、山羊、土鸡、麻鸭等畜禽养殖历史悠久。该村土壤还是上等优质陶土,历史上多瓦匠艺人,现有传承人10多位,年长的瓦匠师傅王进锡已70多岁。有龙家坪、和尚堡、汤家屋场三个遗址存在，其中和尚堡最为古老，也称为老瓦场。

现在的渔塘村，外出务工者居多，村中有几处农家乐，经营吃住游。村里三分之二的房子都已从老房改建成小洋楼，村里水、电、路、网均能满足生产生活需要。上渔塘新建有民族文化广场，可容纳全村人，有高标准的公共卫生间。一旁的酉水渡口经整修后，可停靠几吨到上百吨的木船和铁驳船。

二、渔塘寨子

渔塘寨子，包括庄屋、田家大院、陈家院子等几个寨子。

1. 庄屋

现在的上渔塘主寨一带，为七、八、九组所共有，新中国成立前为一田姓人家的大院，称为庄屋，意即规模宏大的田庄。田家为当地大族，庄屋院落有数十丈，四周有高墙。大院正门依朝门形制建成，雄壮坚固。屋前有片良田，过田即酉水。田家在酉水河岸边建有一条跑马道，自向家桥始，向下延伸约1里[①]。田家常常在跑马道上举行马会，或为挑选善骑的家丁，或为与周边豪强斗勇，或为以马会友，结交各路好汉。新中国成立前夕，庄屋内的田家人及其雇佣的护院、家仆等，共有二百多人。新中国成立后田家大院被拆解，目前仅数残石散落于地，已完全看不出当年的风光。只有院前的几十亩河岸良田依然被叫作跑马田。

靠近原庄屋院门的地方，住着渔塘村最年长的村民、93岁的陈士贵。陈士贵一生务农，除了耕田种地，其余都不上心。民国时，他的一个亲戚在酉水河对岸的龙山县任保长，此人给了陈士贵一条好枪，请他随队谋取富贵。当时的陈士贵家里十分清贫，但他断然拒绝了那位亲戚。此后，不管面对什么样的机遇，陈士贵都毫不心动，只顾埋头在几亩薄田中精耕细作。略有余粮后，陈士贵便在本地买田置地。日积月累，陈士贵竟然白手起家，置下了几十亩好田，能靠

---

① 1里=0.5千米。

田地放租过日子,并有能力接济贫苦乡邻。后来,陈士贵因伤影响了腿脚,不能行走,他的儿子守着老父,常年背来背去,至今已连续背了十年,并不倦怠。

2. 田家大院

田家大院位于渔塘村三组,始建于清代后期。院落的布局功能分明。传统木结构建筑有54栋,风格与武陵山区的其他寨子类似,均就地取木取石,依山就势而建。木房均为干栏式建筑,多吊脚飞檐。其中有清代残墙、古道,有建于民国时期的建筑3栋,建于新中国成立至1980年的建筑35栋,剩下的建筑为1980年后所建。田家大院过去以田姓为主,其中有两户地广人多,置田远及翔凤镇红花大桥两端,现田、黄、向、雷等杂姓相处。院北的大屋后面,还保存着一段建于清代的院墙,墙外当年建有防御山匪的牛王刺围栏,目前仍有零星牛王刺存活于残墙的缝隙中。犀牛潭后山有巨石名神龛岩,其上有几块方形巨石,远观如神堂耸立,十分壮观。

3. 陈家院子

陈家院子地处渔塘村九组,过去也是一个大院落,后拆毁,现有半截大朝门、

陈家院子朝门前的石阶(龚志祥　摄)

朝门前的石阶和院落围墙断墙残壁存在。紧邻陈家院子右后方有古坟两座，葬母子二人，系陈家祖坟。古坟距今200多年，墓碑上记载着生平，但现字迹较模糊。

4. 古墓

向姓在渔塘是大族，且迁入时间较早。渔塘村向姓祖墓较多，现存规模较大的有两处：一处在红岩坪，一处在木姜岭寨旁。红岩坪向姓祖墓建成年代久远，当地人也无法说出大致时间。此墓形制奇特。现存坟冢有两层基座，其上是一圆形墓墙，均由大石雕成，表面呈灰黑色，做工十分均匀、精致。墓顶为覆土，土下似有厚厚的封石。坟冢高约2米，直径约4米，外形十分简洁。墓门镶嵌在坟墓西边，下望酉水，为一长方形板石，宽约两尺，高约三尺。上有简单的波浪形门檐，无碑楼，不同于附近的墓葬。幕门正中写有"甲卯山庚酉"几个楷书大字，两旁的小字经日晒雨淋，已模糊不可辨。据当地老人说，只有晴天借着光线，才可稍稍看出一些字迹。10余年前，一伙盗墓贼撬开了此墓后墙，挖开了棺木，至今其豁口仍然没有修复。据当地人说，墓主后人早已迁往他乡，此墓长期无人照管。

木姜岭旁的向姓祖墓为合棺墓，方形，墓有三门，中为铭文，两旁为男、女墓。墓碑上部的石块已无踪影。据当地向姓后人介绍，墓前曾有一块数十平方米的场坝，山门及墓门上的碑楼条石都被拆下来，抬往附近作修建仓库之用。残存的墓门上刻有大量龙凤纹，十分华丽精美。碑文中有"道光丁酉年""壬午秋闻公辞世"等字样。正中的铭文，所记三分之一为酒事、古诗，可判断男主生前有诗酒之好，性情十分豪爽，加上此墓规模巨大，形制复杂，可以想象墓主很可能是当地大户人家，且有侠士之风。

5. 龙王庙

龙王庙在村南龙家坪旁的酉水河中央。进入阿塔峡，不远有一小岛，岛不大，顶部有一缓坡，上有寺庙残基。当地人称其为龙王庙，认为其建于明代，但考证不详。酉水过岛后冲入峡湾，形成"鲤鱼跃龙门"的景观。传说三百年前，有一次发洪水，两位捕鱼人在岛上困了十天却没死，洪水消退后两人顺利回家，后四处募捐善款，在岛上修建了一座龙王庙还愿。村里老人还说该岛露出水面的部分是龙的尾部,龙头常年埋在水下,水性极好的人能潜入水下,可从龙口直入龙宫。又传说鲁班从仙佛寺驾铁船去卯洞,曾在此处泊船歇脚,因此这里又叫铁船岛。龙王庙小岛因为像古代皇帝的玉玺安放水中,所以又叫玉玺岛。从岸边的山上看,这座岛像一只大靴子漂于水面,所以又被人叫作仙人靴。新中国成立前,龙王庙周围匪乱、兵祸、洪灾不断,前来求神免灾的人络绎不绝,庙里香火十分旺盛。

6. 向家桥

在渔塘寨子旁,从落衣湾、孝竹坪等处下来的山溪注入酉水,河口有红石峡,峡上有一青石砌成的独拱桥,是下渔塘、上渔塘等寨子通往犀牛潭的必经之处,也是进出渔塘村大道的关口。据《来凤县志》(1990年版)载,渔塘村向家桥为石拱桥,长20.4米,宽4米,高9.2米,建于清道光十一年(1831年)。清末至民国初年,渔塘一向姓人家曾对其翻修,目前该桥仍保持着翻修后的形状,桥体结实如初。因村公路干道经过此桥,桥面已加宽,水泥浇面。原石拱桥桥面护墩已不见踪影。

向家桥渡口(滕树勇 摄)

向家桥旁的酉水西岸有一古渡，通往对面的黄家坝。以前渔塘人赶场，多去湖南的湾潭村、洗洛镇，向家桥渡口是过往的必经之处，因此渡口常年人来人往。此渡口至今仍在使用，只是有船无工，因公路已通达各寨，渡口的交通功能已淡化。人们若需过渡，只能自己摆渡。

该村犀牛潭寨子下的王家沟河上，曾有一座桥名为院子桥，据村民介绍，其建成时间不比向家桥晚。1963年一场洪水冲垮院子桥后，此桥便没有再修复。目前此桥仅留有两岸保坎和一些残石。

7. 灵官庙

灵官庙位于花子沟旁的低沟河岸，为一单间小庙，内供灵官。因这里为附近九岭终结处，乡人多信其有灵，旧时长期烟火不绝。后此庙被毁。

8. 孝竹坪

孝竹坪是渔塘村最高的寨子，位于黑山腰上。此处盛产的一种筱竹，这种竹子很适合作火纸原料，因此，寨子叫筱竹坪，年长日久，误记为孝竹坪，此处也常常被称作孝子坪。据传寨中虽罕有大户人家，孝风却长盛不衰。虽史迹已不可考，但整个渔塘村一带，孝顺老人的风气一直流传。

9. 八合溪

五组的院落由王、向、李、蔡、梁、田、陈、刘八姓人家组成。寨旁山林中的一旺泉，四季不涸、不浑。泉水穿林而下形成小溪。寨中姓氏虽杂，民风却和谐，各姓人家守望相助，互不争利。渔塘村不通公路时，寨中人去漫水乡、来凤县挑肥料、交公粮、卖山货，需沿着大溪沟往上翻黑山或兴隆坳。大溪沟长不过几千米，行人上下往来却需过十四道河，踩十四道墩子岩，常常走得人头昏眼花、腰疼腿软。八合溪的八姓人家有个不成文的规矩：进沟翻山时，有食同享，有重同负，有难同当。道路经常被山水损毁，遇到这种情况，八姓人不用招呼，有钱出钱、有力出力，力保道路畅通。传贺龙在湘鄂西开展革命斗争时，曾在八合溪小歇。

三、阿塔峡湾

酉水从湾潭下来后,在青龙山和和尚堡之间形成一处长长的幽潭,名犀牛潭。潭西是峭岸,其间多水壕。潭东铺满大石板和河沙。

相传古时这一带多犀牛,犀牛在三坝(漫水宣抚司司治旁的三处平坝)吃食,在此潭洗澡,因此得名犀牛潭。传说或不可信,但武陵山区在上古时代有多种犀牛栖身却是事实,目前已发现大量犀牛化石。

《来凤县志》(清同治版)有载,前代有人樵于宣抚堡之滨,忽潭水沸腾,见一物从水底石穴分水而出。其形似牛,顶额鼻各戴一角,樵者骇极,以手中柴斧投之,复入石穴而水仍合,盖水犀也。故其地名曰犀牛潭。

宋朝著名文学家苏轼的《送乔施州》提到此事:

> 恨无负郭田二顷,空有载行书五车。
> 江上青山横绝壁,云间细路蹑飞蛇。
> 鸡号黑暗通蛮货,蜂闹黄连采蜜花。
> 共怪河南门下客,不应万里向长沙。

胡人谓犀为黑暗。犀牛潭以潭水深阔、鱼类丰富而著称。当地田姓、雷姓多名渔人曾试图潜入水底,均因不堪水压而放弃,出水后即鼻腔出血。

犀牛潭是水潭,也是寨名。它还深深地影响着渔塘人的性情,甚至历史。犀牛潭一带的许多女子,也像潭水一样秀丽柔韧、清澈如水,无论面对什么样的苦难、诱惑,都能熬过去、挺过去。

酉水过了矮龙坝、龙家坪,前方两侧耸起两座并行的高山,将渔塘村阻隔于群山之中。从河中仰望,连绵起伏的山峰直插云霄。西边为湖北省的沙子坡、大梁子、响天湖等一线,海拔在 700 至 900 米。东边为湖南省的乌龙山,海拔在 1000 米左右。亿万年来,溪河不断侵蚀山体,在此形成一道长约 6000 米、深 400—700 米的峡谷。峡底是青岩或白岩峭壁,高百米至数百米,曲曲折折,险峻诡异。

阿塔峡（唐俊　摄）

峡中的乌龙山西麓、酉水东岸有一处台地，名阿塔。台地东南的一处洞穴中有清泉伏流，四季如一。台中有数十亩可耕地和大片森林。阿塔东、北、南三面是乌龙山的悬崖峭壁，上面有那格等寨子。从寨子到阿塔只有一条若有若无的挂壁小路，不少地方需手脚并用才能通过。这条路看似不远，若往返却需要大半天，脚力差、手劲差的人还无法上下。近年来，上面的寨子已极少有人到阿塔来，只有两个年老的采药人偶尔光顾。如果沿酉水河道去阿塔，需从上游的龙家坪或下游的塘口下水，撑船几千米后到崖下，然后顺着悬崖间的一条鸡肠小路攀登而上。

民国时期，阿塔由乌龙山一田姓保长控制。新中国成立前，田姓保长被湘西土匪瞿伯阶杀死，其家人无力管理田产山林，便将阿塔卖给湖北省漫水乡一向姓人家，含耕地、森林、石山等，共计400余亩。向姓人家在阿塔造屋整田，与世无争。后阿塔归于集体，向姓人家迁至酉水西岸的漫水乡苏家坪。农村土地承包责任制后，向姓人家舍不得阿塔的柴方水圆、地阔土肥，又不顾高山恶水的阻隔而迁了回去，并在靠近酉水东岸的山崖边搭起茅棚长居下来，屋旁石壁下的两眼山泉至今仍然保持原来的样子。后来向姓人家虽已在峡外建房分田，却一直没有完全离开阿塔。直到2019年春，一位向姓老者和他的女儿还在阿塔结棚而居，养蜂、养鸡、种粮、种菜、种果树，过着与山外的繁华不同的日子。

阿塔峡的名字，就是源于向姓人家苦苦守望的这处台地。

阿塔是湖北省漫水乡在湖南省龙山县乌龙山村和双景村之间的一块飞地。这一带的酉水两岸，两省人通婚的很多，往来也十分密切。像这样的飞地并不少见。

"阿塔峡"系土家语汉语混用地名，土家语阿沙为岩坎，阿沙此巴为大峡谷，日久，与汉语结合音变为"阿塔峡"，就是大岩坎的峡谷之意。那格的向姓山民和乌马洞的夏姓山民称其为"啊塔"。在渔塘村、社里坝村已居住十多代人的向姓、田姓或刘姓、黎姓等家族，称其为阿塔或哪达。土家语慢慢淡出生活交际后就没有任何实证能说明"阿塔"的意思及来源。阿塔的西面有一座孤峰如擎天巨塔立于天宇之下，东北面有更高的石峰群耸立，经酉水千年冲刷切割山体，构成高山峡谷，这些印证了与阿塔得名有较大关系。因土家语中有"阿打"或"阿达"，是"姐姐"的意思，加之附近不少村民至今把父亲叫阿嗲（dia）、阿爸，把爷爷叫嗲嗲。阿塔经数次音变转意，在当地酉水两岸演绎了不少美丽、动人的故事。随着土家语全面融入汉语对话中，或许永远都不会有人知道阿塔的秘密了。

阿塔峡两侧山峦形态差异很大，西侧的沙子坡、大梁子、旗帜堡、响天湖一线略矮，山形秀丽，林木繁茂，以马尾松、杉木和猴栗树、刺杉等居多。山间土壤肥沃，清泉遍布，尤以钻天湖寨中一股老泉最为丰沛、甘冽。

零星散布的几个寨子都在山腰，东侧属湖南龙山县乌龙山村、双景村和来凤县东山坪村一部分，山形雄伟刚硬，陡坡上长满光皮树。村落散布于山顶、山坳台原上。山间除遍布奇峰峭岩外，还有多处巨大的天坑，其间长满奇草异木，以金丝楠木、红皮马林光树、金弹子居多。药草种类十分丰富，往往有珍奇药草隐于悬崖，可遇而不可求。

公路进村前，阿塔峡水道是渔塘竹木出山的必经之处，而竹木又是当地最丰富、最有经济价值的山货。与卯洞上下相比，阿塔峡一带急滩不算多。

红岩滩在阿塔峡以上 2000 米处，并不在阿塔峡内，却一直是阿塔峡水道的起点。红岩滩得名于下渔塘寨子下的红岩厢。两壁红石崖在这里把酉水夹成一个只有几丈宽的口子。水流走不快，就形成了深不见底的红岩潭。这个潭在渔塘村与犀牛潭齐名。其下的急滩就是红岩滩。红岩潭是扎排、停排或放船弯梢（歇息）的地方，每年汛期，这里都堆积着大量竹木和船只。男人们喊着野调子，用坚韧的篾竹篾条把竹木扎成小单排或三四层的叠排，定好了棹、橹，切好了竹篙，烧了开头（喝壮行酒），便开始站在酉水的浪尖之上。

红岩滩平时不太险，发洪水时水道却会变得十分怪异，水往两边的山壁上涌，导致水流中间低而两边高，如同一只水瓢。

下了红岩滩，过龙王滩，再过几道缓滩，就到了几乎与世隔绝的洞坝寨子脚下。再往前，传来一阵阵惊心动魄的水吼声，水雾也渐渐变浓。这里就是阿塔峡水道中最险恶的拖船滩。滩右有一神奇的石柱，名柱子岩，岩下有洞名为

阿塔峡麻王洞（滕树勇　摄）

拖船洞。拖船滩不长，只有五十丈左右，但极陡，河水至此，如俯冲一般从乱石堆中泄下，在滩底冲出一片弧形水槽后，卷起塞满河道的巨浪，滚滚向西南而去。水吼声在峡谷中撞击回荡，会让人耳中嗡嗡炸响，甚至感到生疼。

阿塔峡最诡异的是洞群。乌龙山是世界级的溶洞博物馆，山中的四百八十洞，四十八巨洞，洞洞有玄机。各种形态、规模的石洞遍布整个山体。许多洞在山内相通，从山东进，可从山西出，或从河东进，可从河西出。阿塔峡有的洞在悬崖间，洞口不大，洞腹却深不见底。连龙洞在龙王庙上面，相传和龙王庙的龙嘴是相连的，故而得名。连龙洞有两个支洞，据称可通对岸的乌龙山大峡谷，与惹迷洞、鲢鱼洞和飞虎洞相连。

新中国成立初期至20世纪80年代初，武陵山区竹木外销是很多县市的财政支撑。有的县木材储运不够，就到外县买木放排。湘西、渝东的木客（放排工）们从酉水上游的宣恩县沙道沟、高罗及来凤县两河口等地把竹木弄下山，放单筒子或小排至漫水乡、百福司镇一带，选一处大潭扎排。红岩潭一带是那些外地木客们弯梢的地方。他们把竹木弯在潭中后，到西岸的鸦草铺寨子搭伙吃饭、过夜。有的年轻木客弯来弯去，就被渔塘各寨里清秀倔强的女子迷住了，想方设法要把她娶回去。娶不回，做上门郎也可以。

木姜岭向振书做过生产队长，十几岁开始放木、放船。最多时，村里差不多有三十条汉子当排工、船工。同寨的向要才也是放木放船的好手，实行土地承包责任制后，向要才每年都会冒着生命危险给乡邻们放几十趟木，全部是帮忙，放一次吃两餐饭，不收一分工钱。他说自古以来当地就是这种风气，会者多劳，老规矩不能改。他不光跑水，干其他活也一样。

阿塔峡中有一河湾如妇人产子，叫生儿湾。其下有洞如男女相约，称为情人洞。这一带有很多与情爱相关的地名、事物。大自然的象形与人类的活动本无逻辑联系，但是在阿塔峡，地名、事物和人的活动却很清晰地指向女人的灵性。

塘口水库建成后，整个阿塔峡都成了高峡平湖。上、下峡口都开起了农家乐、山庄，供游人吃住游乐。阿塔峡开始有了一些变热闹的迹象。只是去一趟阿塔仍然是一件费力的事。即使偶尔有游人、食客们去阿塔峡，也只满足于好玩和好吃，放纵心情。极少有人愿意走进深处，走入阿塔的孤独，去寻找那片山水中从未改变的本真。

巧合的是，漫水乡现在的主要负责人虽是外县人，却是一位秀气中带着野性的土家族女子，也姓向。这种缘分似乎已深深影响了她对这片峡湾的情感。前几年，由于距离快速路网较远，阿塔峡旅游尚未形成产业。但她不急，她所忧心的是阿塔峡正在被零碎的资本和散乱的欲望"围猎"，很可能会与历史和大自然割裂。她常常去龙家坪，掌握龙家坪的保护情况。龙家坪是阿塔峡不可替代的宝地。龙家坪对岸那个山后面就是湖南省龙山县乌龙山村村委会，村委会就位于4A级乌龙山大峡谷景区。沿着龙山县的纵轴——龙山县城至里耶镇公路再下60多千米，就是正在创建高星级景区的里耶秦城，以里耶命名的湘西旅游机场也已在里耶对面的白云山那边开建。现在，龙家坪离湖南省最美旅游公

水寨龙家坪（滕树勇　摄）

路——龙山至里耶公路，只有 2 千米水泥路面乡道和一片矮龙潭。随着这条公路两侧渐成大湘西旅游的新热点，窥探龙家坪的人越来越多。有的急欲进场开发的力量，已经超出了漫水乡的掌控能力。

每年的仲春，阿塔峡中的春水尚有浸肤之冷，一对对野鸳鸯已迫不及待地悠游于河面；山上的锦鸡、蓝尾燕也冒出头来；天空中，每天都盘桓着几只鹞鹰；峡口的鸬鹚一天比一天忙碌；成群结队的白鹭、灰鹤也开始迁回阿塔峡了。阿塔的春天，仍然充满着野性的气息。

四、千年古柏

大梁子北坡的二十一组新寨旁有一棵柏树，树龄已超千年，仍然枝繁叶茂。树高 35 米，胸径 6 米。树根扎在青石里，几块巨石已被胀破，成为碎石。此树分杈很低，因此枝叶显得特别茂盛。巨大的树冠下，有自然形成的层层叠叠的条石，过往路人多会在树下歇息。有的树枝上长着密密麻麻的寄生蕨，更显柏树的苍劲古老。附近的山民对此树敬爱有加，不取一枝一叶，但很少有人将其神化。倒是常常有陌生的远方来客给古柏披红挂彩，礼供崇拜。其中又多是为小儿拜树取名而来的。

村北的王家院子有很多古树，其中由林业部门挂牌保护的百年以上的古树，就有南酸枣、黄柏木、光皮树、枫木等。两棵古枫并立在寨南的大道两旁，形如巨大的寨门。一棵光皮树的树干在百年前被雷击成大洞，只有薄薄的半圈树壁支撑着整棵大树，但大树至今仍然生机勃勃。

五、大进山

乌龙山支脉大进山位于酉水东岸。西瞰红岩峡，南邻矮龙坝。山西有木姜岭，向姓来此已有十余代人。向姓祖上是木匠，迁来时山中多虎，伤人无数。因嫌山名太恶，便改为木姜岭。此地人所说的虎包括老虎和豹子，他们把豹称为豹虎子，说它梅花脚，扁担腰，又像虎，又像猫，也叫它为虎。1957年，住木姜岭的向要才七岁时，家住大进山红岩坪的茅棚里。一个大白天，他和家人眼睁睁看着一只豹子扑进猪圈，把一头几十斤重的猪叼走了。他说豹子也怕人，是饿急了才到人家里来逮牲畜。豹子在这一带从没伤害过人。之后，大进山就再也没见过老虎和豹子了。

大进山一带多大木，以金丝楠木、猴栗树、马尾松、杉木居多。其侧后的龙里公路旁，有一大片原生金丝楠木群。山腰的红岩坪曾有寨子，兴旺时还开有私学，新中国成立后渔塘村一带最厉害的放排汉就出在红岩坪的黄家。目前这个寨子已空无一人，甚至看不到一间房子。

大进山是一座条形山，头尾均在酉水中，也被许多人当成是矮龙坝的"矮龙"。其实大进山并不矮，只是在近旁乌龙山主峰的映衬下，略显矮小。

六、红色土地

漫水乡是一块红色土地，是革命老区，渔塘村是其中心，红军曾两度在该村活动，播下革命火种，村里不少人跟随红军闹革命。据《来凤县志》（1990年版）记载，漫水乡参加红军的有27人，多数牺牲，仅谢松柏和刘可灿两位红军战士历经枪林弹雨迎来解放，刘可灿就是渔塘村人。

渔塘村现有犀牛潭农民协会旧址和红军第十八师整编旧址革命纪念地。

1. 犀牛潭农民协会旧址

犀牛潭农民协会旧址位于渔塘村北犀牛潭寨子田家大院。1935年，中国工农红军第六军团第十七师49团、50团先后来到漫水乡，一方面帮助地方建立农民协会，一方面发动群众参加红军，扩大红军队伍。1936年6月，红二军团、红六军团围困湖南龙山县城期间，红六军团十七师50团一部在指导员马辉的带领下，来到犀牛潭田家大院，其中有60多名红军战士（包括7名红军女战士）在这里住了一个多月，同年7月，成立了犀牛潭农民协会。贫苦农民刘维农任农民协会主席，黄小楼任副主席，田启明为农民协会武装队长，田逢明和张兴分别为武装队员、农协会员。农民协会成立后,开展了打土豪、分田地及为红军筹粮、筹款活动。当时,年仅十五岁的刘可灿和年过五十的王启望、田海明等参加了红军。1937年7月,马辉接上级命令撤离犀牛潭田家大院。红二军团、红六军团长征后,犀牛潭农民协会被破坏,农协会员张兴被土豪劣绅押到绿水镇康家沟村杀害。此后,犀牛潭农民协会停止活动。

犀牛潭农民协会旧址(唐俊 摄)

农民协会的活动场所至今保存良好。协会使用过的木楼,当地人也叫燕子楼,是田家大院的主屋,呈一正两厢状,正屋面阔五间,五柱五骑,大朝门居中,大青石百步梯通寨子下方大路,大路跨山涉水连接湖南湾塘和本县漫水。右厢为三层吊脚楼:一楼喂养牲畜,放置大件农具和柴草;二楼是阁楼,也是田家女性的绣房;三楼为低矮的阁楼,用于存放粮食、杂物。现正屋部分保存完好,左阁及右吊脚楼已拆卸,正屋后有一段青石围墙遗迹仍在,高2.4米、厚0.55米、长38米。正面的装板上还保留着经过修复的革命时期的宣传标语，内容为"维护苏维埃政权——红六军团十七师""建立苏维埃"等。

2011年3月，犀牛潭农民协会旧址被来凤县人民政府列入第二批县级文物保护单位，保护范围：东、南两面以现存的围墙为界，西、北两面以通往院落小路为界。

2. 红军第十八师整编旧址

红军第十八师整编旧址现存于上渔塘寨子。1935年11月19日，红二军团、红六军团主力1.7万余人自桑植县的刘家坪和轿子垭出发，离开湘鄂川黔苏区开始长征。为掩护红军主力撤退，实现战略转移，红六军团红十八师3000余名将士临危受命，在师长兼政委张振坤、师参谋长兼53

红军第十八师整编旧址（滕树勇　摄）

团团长刘凤、政治部主任李信的带领下，12月15日，从桑植县陈家河突围，艰苦转战湘鄂边境，周旋于数十万敌军的围困中。12月21日，在龙山县龙家湾渡过酉水，往西进入湖北来凤县境内，12月23日下午，红十八师同在来凤卯洞堵截的湖北保安团相遇，团长刘凤受伤。12月24日，红十八师进至来凤漫水，由于大量减员和刘凤伤重，部队只剩下1000多人。进入漫水上渔塘后，张振坤和李信等研究决定对部队进行整编，取消五十二团番号，余部编入五十三团，樊孝竹改任五十三团团长。整编后，部队北上经洗车、旧司进入革勒车的桑树坪，月底离开来凤县。1936年1月11日，到达贵州省江口县，与红二军团、红六军团胜利会师，此时，红十八师仅剩600余人。红十八师归建红六军团后，加入红二军团、红六军团长征的铁流之中。

渔塘村山高水长，风光秀丽，是武陵山中不多见的鱼米之乡。渔塘村是一块红色的土地。村中酉水两岸多红石，地名中也有红岩潭、红岩厢、红岩坪等，艳丽的粉红色砂岩是村中好几个寨子的底色。渔塘村还是一块为中国革命做出贡献的红色沃土，大量红色印记在这里至今仍清晰可辨，红色故事、红色血液在这里代代流传。刘可灿老人作为一名老红军，是村里人的骄傲。

3. 刘可灿

1920年生于上渔塘寨子。1935年参加中国工农红军，红六军团十七师四十九团三营九连战士、卫生员，1935年，参加二万五千里长征，1937年10月加入中国共产党，1938年初参加国际友人白求恩的医疗队，后在美籍医生马海德领导的医疗小组任护士长，1941年在延安军委门诊部工作期间，先后承担毛泽东、周恩来、朱德等中央领导的医疗护理工作，1944年，在中央二局卫生科工作，享受团级干部待遇。1949年后，调入中央军委防役委员会，1954年，筹建中医研究院后在广安门医院医务处任副主任，直到离休。1985年，按正司局级干部离职休养，离休后，享受副部级医疗待遇。2008年7月29日因病医治无效于北京逝世，享年88岁。遵照刘可灿同志生前的遗愿，将骨灰安放在来凤县烈士陵园红军碑亭，实现了他魂归故里的夙愿。

刘可灿少小离家，对家乡的思念一日不曾变淡。晚年，他曾不顾身体衰弱，多次长途跋涉回到故乡，坐上小船穿越酉水两岸，看望乡亲，共叙乡情。不少乡亲希望他利用自己的影响力为家乡多争取项目，但刘可灿从未照办，反而一再嘱咐他的子侄辈们切不可给政府添麻烦。刘可灿逝世后，遵照他的遗愿，2011年10月15日，亲人将其骨灰护送回来凤。来凤县在县烈士陵园红军碑亭举行了隆重的骨灰安放仪式，县委县政府和县人武部领导、县相关部门负责人、驻军部队官兵，以及刘可灿同志的后代和少先队员代表参加了仪式。

来凤县传统村落

倚栏酉水

——南河村

南河村一角（唐俊 摄）

一、村落概况

南河村在来凤县百福司镇北缘。2014年，南河村入列首批中国少数民族特色村寨名录。

南河村原名"拦河村"，因该村处于酉水河卯洞伏流上端，卯洞阻挡酉水畅流，而得名。清乾隆年间来凤县知事林翼池著有《卯洞记》，记中有云："从此舍舆，驾小艇，顺流行二十余里，为栏河。盖将以洞石作水栏，斯以栏名河欤？"这是关于村名较早的文献记载。

南河村地理位置图（黄康　绘）

村子北靠漫水乡，南邻本镇梅子坳村，东连湘西乌龙山主脉，西接本镇荆竹堡、可洞村。距来凤县城43千米，有248省道过村。

南河村的名头，远不如穿村而过的河流和村内的一个巨洞响亮。河叫酉水，洞叫卯洞。酉水从七姊妹山发源，在鄂湘边界奔流100多千米后，切蚀、洞穿乌龙山支脉拦河山，形成卯洞峡和以卯洞为首的巨洞群。

这一带遗存着土司司治宣抚堡、土司洞、放船漂排弯梢的河荡、崖葬等大量人文景观，是酉水流域山水人文风情的汇集之处。

从地理上看，卯洞峡有一大半在南河村。而在当地人心中，南河村在卯洞里。

南河村僻处武陵山脉深处，村内海拔400米至900米，主山为拦河山，是典型的亚热带山区，山水相宜，润而不燥。

村内林泉遍布，有大小河溪三条，即酉水及其支流磨刀溪、大沟。有两座水库，一处伏流，即纳吉滩水库、大沟水库和卯洞伏流。水域面积约占全村三分之一。山高林茂，水险洞深，是村内的自然地理特征。

卯洞是酉水上游出关的咽喉，扼鄂湘边区4500余平方千米集水区。这一区

卯洞（唐俊　摄）

域内的酉水河谷是宣恩、龙山、来凤三县的鱼米粮仓，也是武陵山区早期的土司活跃区域之一。

卯洞通路未通之前，其上为洪荒大湖，连接古云梦泽。今天若卯洞堵塞，大湖则将重现，因此，南河村实为两省三县最险要的关口。

南河村历史源远流长。村中各寨多以"堡""坝""岩"命名，如宣抚堡、中堡等。村名曾被叫作拦河村，南河村是近年正式使用的。

南河村的源流贯穿酉水上游人类生存发展史，因此极为偏远闭塞，改土归流前史料记载稀少。虽然遗存久远的实物并不少见，但毁坏严重，难以详考。

落印潭以上约十千米的社里坝河岸有一处商周时期土家族先民活动的遗址，反映了当时这一带的酉水两岸已有农事渔猎及信仰活动存在。

唐宋时期，这一带部落首领已建立统治政权，自称为大王或洞长，如谋谷什用等。元明时期，落印潭右岸的宣抚堡长期是漫水宣抚司的司治所在地。清改土归流后，南河村一带仍然是当地的经济重地和军事要隘，隶勇敬里。

旧时，当地望族多由外迁而来，主要是从湘西经酉水通道而来。他们依河建寨，村中几个寨子称为客寨，此段酉水河历史上曾被叫为客寨河，而当地渔人还曾把这条大河叫白河，也许与河雾有关。而把从重庆市酉阳流入百福司的河叫酉水，是否与酉阳县名有关？顾祖禹《读史方舆纪要·湖广·辰州府》载："酉水，府西北十里，源出四川酉阳宣抚司界，东流入境，经府西三里入沅水。"现已把源出宣恩县的河流称酉水，其他称为酉水支流。

南河村村民以土家族、苗族居多，约占80%。田姓、向姓人较多，其他为小姓，杂居其间。苗族中多"嘎老"，即从黔东北及湘西经沅水、酉水而来的苗族。

以往在南河村一带，各宗族之间占据着不同的区域。强宗大姓如向姓、田姓等占据着沿河两岸的肥田好土，以及河流资源，稍差一点的家族如张姓，因某一时段出了能人，选择了便于生存的坡上林下建寨发家。其余杂姓或依附于强宗大姓，或逃离到险要荒僻之处艰苦生存。

百福司镇老码头（彭涛　摄）

卯洞左侧最高的山叫喳口岩。山顶有几小片缓坡，没有一块好田，也没有便利的水源。上山要先搭船过酉水河，沿着磨刀溪穿过一条长长的峡沟，再爬几千米极陡的上坡路。恶劣的生存环境，让喳口岩成了一处不小的寨子，人口最多时接近两百，它是武陵山深处一种独特而典型的聚落形式——小姓寨子。

除了 21 户宋姓人家，其余姓氏都只有几户或仅有一户。寨上一半属湖北省，另一半属湖南省。在漫长的岁月中，这里曾是谁也不在乎的穷地方，一处被尘世遗忘的野山。

喳口岩西望湖北卯洞，东邻湖南乌龙山大峡谷。旧时，这一带是强宗大姓或绿林巨匪的天下，当地的小姓人家要么依附于土王豪绅，要么跟着匪首当起土匪。骨头稍硬的或被逼得山穷水尽的，便只能逃至险远苦寒、没人管的地方落脚。久而久之，喳口岩就成了苦难人家的避难之处。

站在喳口岩寨口，能望见山下的酉水河涛涛不绝地向西南奔腾，眼睛好的，还看得见撒网放钩的渔人。吃水用水曾经是寨人无法摆脱的磨难。山上那几眼泉水，风调雨顺时尚能敷用，一旦久旱，男女老少就得到山腰甚至是磨刀溪去背水。一个满劳力，一天从早上天未亮背到晚上天黑，只能背两趟水。

2018 年，从来凤县下派的年轻村支书张晧锐带着脱贫攻坚工作队，把自来水管牵上了喳口岩，绕道漫水乡油房坳村，把进村的土路扩建为砂石公路，将能搬下山的留守人户搬下山来。千百年的小姓寨子，彻底融入了民族大家庭。

南河村传统经济活动具有典型的靠山吃山、靠水吃水的特征。20 世纪 90 年代之前，村中人家多以捕鱼、造船放船、伐木放排为生，间以粮食种植和牛羊养殖。水运为主的时代，卯洞是三省边区的商贸中心。山货的大宗是竹木。几百年来，落印潭下方是酉水放排的集散地。

现在，放排早已成为历史，但捕鱼仍然是村里主要生产活动之一。村里的主要农特产品有角角鱼（黄颡鱼）、"牛尾巴"（黄河拟鲿）等酉水河鱼。

20 世纪末，南河村几个"水鹞子"找来一批皮筏艇，做起了卯洞漂流。此后旅游业逐渐成了村里的一大产业。2015 年，来凤县发改委、旅游局（现文化和旅游局）、住建局、交通运输局在南河村建起了游客码头和游客中心。码头常年接待游客。水上旅游线路可直通湖南省乌龙山大峡谷。村里还有农家乐和渔家乐。其中落印潭农家乐还有土司洞旅游。

2018 年，南河村农业特色产业发展迅速，已形成茶油树、红心火龙果等种植基地。运输业也是日渐发展，现代物流促进产业进一步发展。

二、文化遗产

1. 仙人洞崖葬

卯洞绝壁上的仙人洞,是卯洞洞群中最神秘的一个,人称仙洞崖。

仙人洞出土文物(滕树勇 摄)

仙人洞离地一百多米,上下左右全是明岩,猿不能攀。以前洞口有井字形木栏杆,洞中时常云雾缭绕,配以水声,似有仙家居其间。1992年,百福司镇当地居民借杉条攀入洞中,撬开其中棺木擅取文物,对仙人洞造成巨大破坏。经湖北省文化和旅游厅批准,恩施州文物部门组织考古队进行抢救性发掘,发现栏杆是古人在洞中修建的"仙人居",即亡人居,洞中排列8具古棺,有箱子形的、有船形的、有槽子形的,随葬物品达200多件,其中有汉晋铜器,隋唐瓷器,宋元铁器、木器、漆器等。其崖葬规模之大,时间跨度之长,随葬文物之多,在鄂湘渝黔等有悬棺葬习俗的地方,实为首屈一指。目前,对这批文物的研究仍在深入进行中。

仙人洞悬棺,始建于何时,至今仍然难以解谜。但可以肯定的是,没有巨大的人力物力,是绝不可能把众多悬棺安置在洞口的。

200多年前,来凤县第七任知县林翼池写了《卯洞记》并赋诗,文中写了仙人洞及其珠栏,可他也没弄清是什么东西。诗云:

  曾说仙人到此游,仙人飘去迹还留。不传姓氏于凡世,畴识玄机以炼修?欲觅石云知素字,却疑函谷遇青牛。渊涛俯瞰成尘隔,画水航江羽扇秋。

但200多年后的今天，洞口的栏杆仍然可见，可至今还是一大秘密。据《来凤县志》（清同治版）记载：

> 相传，汉、唐时，有径可入。中有金环玉箸，借之者望空中诚心祷求即得。后来，有人以铜杯和锡杯还给，于是仙径隔断，可望而不可及。

清代秀才张治的《仙洞流云》诗云：

> 危栏倒影落溪流，谁识仙人在上头。
> 幽草奇花山下路，光风霁月洞中秋。
> 半湾绿水相环抱，一片白云任去留。
> 世外红尘飞不到，攀援无计问鱼舟。

另有清人熊梦祥《卯洞》一诗，诗云：

> 木栏经历必千秋，仙客常从此际游；
> 玉箸金杯空想象，奇花异草极清幽。
> 云开石磴烟霞灿，水涌银涛岛屿浮；
> 壁下澄潭人罕至，鱼龙潜处听寒流。

2. 宣抚堡漫水土司城遗址

宣抚堡在南河村中心，落印潭右岸。前有深潭，码头可通西南。后靠高山，幽洞可藏雄兵。附近有大片河谷、台地可耕种、建设。据险以守，万夫莫开。因此，此处成为漫水宣抚司的司治所在地。

漫水土司是明末清初湖广土司之一，主要地域在今来凤县酉水河畔的漫水乡，其上游有忠建、散毛、大旺等土司，下游有百户长官司、卯洞土司等。漫水土司级别为安抚司，其地域相当于现在来凤县漫水乡的兴隆、渔塘、漫水、三坝、洗车等地，司治设在今百福司镇南河村宣抚堡。

漫水土司并未记载于明代史料，但被标注在了《康熙皇舆全览图》，可见其设置于明末清初。漫水土司虽然出现时间较晚，但"漫水"却很早就出现了，《湖广总志》（明万历版）记载："酉溪：出容美界，至忠洞名大水，经卯洞名漫水，至辰州府东入沅水。"《来凤县志》（清同治版）记载漫水土司"与卯洞、百户司同宗"，百户长官司是由卯洞土司独立出来的，卯洞土司的前身则是元明时期的盘顺土司，可见漫水土司亦是从盘顺土司独立而来。从盘顺土司发展而来的卯洞土司、百户长官司和漫水土司，只有漫水土司在清初得到清朝

漫水土司遗址文物保护标志碑（黄康 摄）

的认可，卯洞土司和百户长官司因长年征伐而势力削弱。

宣抚堡下的落印潭，景色绝美。相传五代时，漫水土司之弟向伯林，夜盗其兄大印，由此衔印泅渡，被兄发现追来，向伯林惊恐渡河，将印失落水中，此潭故得此名。

此潭渊深莫测，水色深碧，中近墨黑。每日骄阳当头，即涌金浪，明月高照，炫耀银波，所谓"大印呈彩"。

如今，土王宫殿早已被岁月湮没，宣抚堡上只剩下碑刻和片瓦残砖，疑似向伯龙的土司墓埋在河边，仅余残迹。向伯林跑到湘西，与溪州土司的开山祖师彭瑊勾结，灭了大土司吴著冲，成为龙山洛塔土司的司主，死后葬在龙山洛塔。

宣抚堡现已列为来凤县级文物保护单位名录。

3. 向金銮墓

在酉水左岸，南河村六组，有地名大坟山，此山有一土司墓葬，系武略将军百户长官司向金銮之墓。向金銮，清初世袭，其父向柱远，明天启二年（1622年），因军功授副总兵。古墓保存完整，圈岩、墓碑完好无损。1990年，向金銮墓被列入来凤县第一批文物保护单位。

4.《卯洞集》

明嘉靖年间，京城大火，九庙毁。朝廷广征湖广及黔川（今重庆）木夫来卯洞采木。大学问家王阳明的弟子、辰州府同知徐珊在卯洞督采大木，两年间得巨型楠木数百根，均沿酉水下放至洞庭湖，再经长江、大运河拖运至北京城。徐珊在卯洞那两年，因采运楠木而死的木夫就达数千人。徐珊以卯洞一带的采伐之事写成《卯洞集》，列于《四库全书》另册。

5.《卯洞司志》

《卯洞司志》编撰于康熙五十八年（1719年），作者为卯洞安抚使向舜的胞叔、权司中军向子奇，全书约1.6万字，共六卷，是难得的研究土司制度、历史和文化的资料。康熙五十八年（1719年）成书以后，向舜和向子奇各存一套，雍正十年（1732年）曾续补图、记。之后几经辗转直到乾隆五十七年（1792年），卯洞土司十四世裔孙向正彬，到省城看望向舜次子向正梁，值向正梁病中又无子嗣，就将《卯洞司志》托付给正彬。嘉庆十三年（1808年），向正彬编辑《向氏族谱》，便将残本附于族谱末尾，使之得以保存。全书分为疆域、物产、建制、学军、敕赐、文艺六卷。其内有卯洞各土司机构设置图。

6.《祭卯洞文》

《祭卯洞文》为徐珊在卯洞督采大木时所作。从文章内容看，应是所采之木需经卯洞流放，卯洞极险，致大量木夫伤亡。徐特作此文以祭河，表达对酉水和卯洞的敬畏，以求水顺平安。

其文曰：

> 惟圣天子怀柔百神，无远不届，唯神默赞元功，无幽不格。唯某不承役使，以克将王事，亦无所不用其诚。兹者季春木政就绪，溪源滂溢，顺流而下，宴唯其时。敢洁玄醴，用虔申告：唯神左右克相，式终王事，庶以答圣天子怀柔之诚，以彰明神默赞之功，以称某不承之责，唯明神其图之。呜呼，尚飨。

同治年间，福建同安进士林翼池任来凤知县。到任第二年，林知县来到卯洞。当时无路可入，得一老船夫以木船载其入。林见卯洞，称其"天作地成"，作《卯洞记》，凡数千言。其言，"余故爱兹洞之奇，而独惜兹洞泯泯于此之不幸也"。

清代庠生刘宗发游览卯洞后，写了一首题为"卯洞"的诗：

    洞穿江底出江南，水物山容尽足耽。
    异草奇花人不识，寒清健碧远相涵。
    胸中壮气犹须遣，世上风流笑苦谙。
    此景真应词客爱，醉歌乌帽逞雄谈。

已故的华中科技大学建筑学张良皋先生在他的《乡土中国：武陵土家》一书中，描写水流过卯洞的情景：

    酉水像是通过一道巨大的城门，
      高歌而去。
    这景象比我曾经漂流过的任一峡谷都要神奇。

并题写一首绝句：

    天阙惊开泻巨川，洞庭前路劈千山。
    蛟龙不是池中物，五岳当涂也枉然。

三、自然遗产

1. 卯洞洞群

由卯洞荡舟逆水而上，两岸山势嵯峨，悬崖如削，树林森翠，沿岸有桅子岩、石磨凳、香炉岩、下棋坪、落印潭诸奇胜，以天然三塔为一绝，塔内皆空，犹如人工铸成，古人将天然塔称为插天文笔。峡中两岸到处是洞，长达两千米的沿河两岸布满了各种形态的洞穴十八个，镶嵌在奇峰异山之中。风洞、水洞、月亮洞、婆婆洞、燕子洞、蝙蝠洞……这些洞各具特色，其中大洞洞容大，遍布千姿百态的钟乳石，最奇的是"四大灵石"，像龙、像凤、像麟、像龟。最深的洞当数燕子洞，据当地老乡说，它一洞穿两省，连接湖南龙山火岩的飞虎洞，1997年，中法两国探险专家曾经专程进洞探险考察。张良皋先生评价它是世界罕见的溶洞地质公园。这些洞伴随当地人走过漫漫历史长途，有的洞住过人家，有的洞躲过兵匪，有的洞自身就是土匪巢穴，至今有的洞还拿来作羊栏牛圈。村民和洞穴爱好者还不断地有新发现，在卯洞之上仙人洞的正上方发现了一个洞，年长的村民说是老虎洞，洞口黄土覆盖，颇为神奇。此洞与土家先民白虎崇拜有无关系，有待研究者进一步发现。

卯洞峡谷（蓊军 摄）

最壮丽奇绝的洞自然是卯洞。《来凤县志》（清同治版）录入邑诸生张涛《卯洞》诗，曾这样形容卯洞：

南山卯洞太奇绝，山势回环水势灭。
其中灵怪多异常，大洞正洞景差别。
……

过了落印潭，眼前便是一片洪荒之境。酉水行至卯洞前，左右和前方都是凌霄绝壁，壁顶是茂密的黑森林，最高处有岩石如香炉耸立于天上，名香炉顶。

偶有山鹰唳叫，或有乌渡鸦鬼魅一般在河谷中滑翔。眼看已到山水尽头，大河却突然一挫，急速坠入那个叫卯洞的巨洞，形成一段惊世伏流。进洞口的水道被遍布的巨石切割成陡急而成散乱状，几道烈滩统称头滩。先有几块巨石横挡，称为门槛滩。再有几块利石直切，称为斧子滩。又有隐于水下的一排石堡，激起一道十来丈宽的冒头浪。洞宽58米，高36米，长215米。洞内水势较缓，有深潭，还有一片沙滩和几块巨石板。出洞后仍然是绝壁夹峙。有从湘西乌龙山过来的皮渡河从左注入。酉水河水道被一片乱石洲切割成两股，主水道形成二滩、黑角滩。

20世纪70年代，来凤县为了疏通水道，曾于洞中炸石除沙。刚有成果，洞顶却接连垮下数丈大的巨石堵塞水道，除险工程只得放弃。

2006年，纳吉滩水电站蓄水，淹灭了卯洞主水道，整个山谷地貌改变很大。

2. 磨刀溪大洞

宣抚堡对岸，有一条清溪从深峡中流出，名磨刀溪。溪源是山腰上一巨洞，当地人称大洞，内可藏万人。洞口至今保存着一堵高墙，是新中国成立前当地山民为防匪患而筑的。此墙高约两丈，厚七尺，全部由坚硬的青石垒成。墙头有哨孔及射孔。靠里的墙分两层，墙腰有走道供防御者蹲守或往来。洞内常备各种生活用具和食粮。据磨刀湾的老人说，因洞十分巨大且地形险要，土匪从未攻进洞内。几年前，有乌龙山旅游开发商邀法国探险家入洞探幽，进去后三天才出来。据说此次是为了查探此洞是否与乌龙山大峡谷的飞虎洞连通，但探洞的人一直没有公布探查结果。

卯洞背上的拦河山多大木、异木，其中，自生的金弹子树随处可见。山顶有大天坑，坑内密密麻麻生长着金弹子树。1949年后，拦河山上的梅子坳曾建有采伐站，大木被砍伐殆尽。20世纪21世纪之交，大型盆景被热炒，拦河山上的金弹子树被大量盗伐，目前已所剩无几。

最高的香炉岩在卯洞的正洞口上方，凌虚千仞，岩下多奇花异藤。其中一棵巨型血藤覆盖整个香炉岩峰顶，面积达数百平方米。

洞口下游的电站蓄水导致水位上涨，消减了洞之险恶，同时也淹没了两岸绝美风光。

关于卯洞传说有很多版本。据传很久以前，酉水因被拦河山阻住去路，形成大湖，两岸山民深受渡河之苦。建造祖师鲁班云游到此，为治洪水救黎民，在上游佛潭修仙佛寺镇河妖，叫徒弟在下游凿洞排泄洪水，约定在卯时完工。但徒弟偷懒一觉睡到大半夜，洞没修成怕师父责罚，于是学鸡叫，引得四乡雄鸡齐鸣。鲁班以为卯时快到，而仙佛寺还没最后竣工，卯洞也没打通，情急之下，用凿子在悬崖底部捅开一个洞，可以流水，但不能行船。于是又脱下一只草鞋化为铁船沉入佛潭，并留下偈言：要得卯洞开，除是铁船来。因为洞是卯时凿开的，因此得名卯洞。

又传，酉水流域多道士修行的"仙山"，卯洞是张果老在卯时以铁杵打通的。

还有传说卯洞是神仙用棒棒捅出来的，捅开卯洞的棒棒原来是住在茅杆洞的神仙的脚。

《来凤县志》（清同治版）录入一传说：

> 卯水正洞，上下二洞相近。下洞，河水所经，阔达如城垣；上洞，青壁无梯，高数百丈。仰而望之，有门焉，木栏纵六横七，人迹所不能至也。相传汉、唐时，有径可入，中有金杯玉箸，借之者望空诚祷即得。后有易以铜锡者，于是仙津隔断，可望而不可及矣。

四、落印潭传说

落印潭位于宣抚堡下。纳吉滩蓄水前，一湾幽潭，一湾银沙，两面峭壁，两山茂林。一司治，无数洞窟。常有轻舟、木排过身。是当时整个来凤最具代表性的山水景观之一。

酉水河右岸的地台上，曾建有漫水土司的老司城。五代时，漫水土司向伯龙的弟弟向伯林，谋夺哥哥的位置，夜盗金印，衔在嘴中泅水过河，被哥哥发现后追赶，见他已在河中，于是张弓搭箭，一箭射中他的屁股，向伯林大叫一声，将印落在潭中。相传，后来向伯林又从捕捞上来的黄壳鲤鱼肚子里得到沉落的金印，土司职位得以传承。为了纪念这段历史，后人便叫它落印潭。《来凤县志》（清同治版）地舆志录入，视为古迹，在宣抚堡下。

五、排工往事

陈明华是卯洞的苗民。20世纪50年代，卯洞公社建有水运队，负责把卯洞造船厂的新船运到常德、岳阳卖掉，也承担放排运木任务。陈明华十六岁就进了水运队，干了两年跟队的艄公后，就成了漂排的头工和放船的舵手，一直干了三十多年，直至酉水河水道因水坝建起而断绝。

因酉水河上游水道险乱，船不能过卯洞。竹木也只能放单筒子至落印潭，在此处用十来根五六丈长的单筒子扎单排，竹排则可扎成几层的叠排。每年汛期时，本地放木的和酉水下游甚至是沅水上游各县的排工，大量聚集在落印潭。卯洞公社的林业站也设在这里。这里的水面堆着黑压压的竹木，多时绵延几里。来自鄂湘渝黔边区十来个县的汉子们赤条条地赶流、扎排，喝烈酒，喊号子。穿着土布斜襟衣服的妇人，从早到晚待在右岸宣抚堡或左岸中堡的偏棚子里，忙忙碌碌地做饭、缝补衣物，养儿哄崽。

在陈明华跑水的年代，除了少数几个像他这样的头工，大部分排汉都不能自行漂排过洞，需要领水员领行。领水员中有两个出名的"水鹞子"，一个叫坳老儿，一个叫李胡子，是下江的花垣县和保靖县所属水运队派驻卯洞的，就在落印潭下踩船洞口结棚蹲点。

长期穿行卯洞的放排汉，没有一人逃脱过这几道急滩，有的丢了命，有的弄残了身体，有的"冲丢了魂"。20世纪50年代，一场山水，把卯洞洞中弯梢的二十多个放排汉卷走，酿成了惊天水祸。有的残肢一直漂到70千米以下的重庆秀山的石堤镇。陈明华的排也被冒头浪打散过几次，不过他很机敏，也十分幸运，每次散排，他都抱住单筒子或棹漂了下去，仅留下了几处皮肉伤。

出洞后有从湘西乌龙山过来的皮渡河从左注入。酉水河水道被一片乱石洲切割成两股。竹木排行经此处,极易被冲上石洲或撞向山体。陈明华能应付二滩、黑角滩,却几次在石洲上死排。死排后因水的冲力太大排又太重,无法把排撬进水道,只能解成单筒子一根根往下赶,一直赶到老潭湾才能重新扎排,所花时间和气力都要比放排多几倍。

20世纪70年代,酉水下游修建凤滩水电站,截断了酉水航运,放排漂滩远去,不仅排工丢了生计,能建造200吨大木船的来凤造船厂、卯洞造船厂也随之关闭。

来凤县传统村落

因姓获名
——田家寨村

田家寨俯瞰图(唐俊 摄)

一、村落概况

田家寨村在酉水上游河谷的南部,属来凤县绿水镇管辖。2019 年,田家寨村被列入中国传统村落名录。村庄入口处耸立着两棵参天老树,犹如一对恩爱百年的夫妻,厮守千年,昭示后人。

田家寨村不大,却围着四条"巨龙"。村东是一条"白龙"——白浪滔天、水吼如雷的酉水龙嘴峡段。

田家寨村地理位置图(黄康 绘)

村南是一条"翠龙"——酉水上游较大的支流之一的老峡河,当地人把这一段叫马拉河,马拉是土家语,意思是"有蜂子的路",据说此地过去古木参天,多奇花异草,路与河相伴。村北是一条高耸在蓝天之下的"青龙":黑山—蒋家坡—罗家坡山梁,其中黑山海拔超过1000米。蒋家坡一带形如奔马,当地人又称其为马拉山。

除此之外,村里还有一条隐于地下的"潜龙"——深不可测的仙人洞,大洞口在龙嘴峡西岸,洞的走向与村落的走向一致,一直从"青龙"山腹中延伸到黑山。村子的西边,从马拉河岸的一大片平坝望过去,那座孤悬于天宇中的尖峰就是来凤名山贵帽山。

村东隔酉水河与湖南省龙山县白羊坪村相望,南与绿水镇施南坪村、湖南省龙山县洗洛镇坡脚村相连,西接绿水镇体河村,西北隔马拉河与绿水镇周家湾村、香沟村相对。村委会距离绿水镇上寨7千米,距离来凤县城20千米。耕地面积约1400亩,其中水田约750亩,旱地约650亩,林地面积约2200亩。20世纪70年代,坡改梯,新增土地300亩。现村中水泥公路四通八达,覆盖全部院落。整修姜家垅水库,新建有姜家垅水厂,可引清水进田家寨、体河等村的农家。

全村人口近2000人,是一个以田姓、向姓为主要人口的土家族村落。两姓迁入此地建寨,均已达200多年。此间,村落一直叫田家寨。解放后,田家寨曾经被叫作美好合作社、龙嘴乡田家寨大队等,1984年更名为田家寨村。村子从马拉河桥进入,第一个寨子也叫马拉河。

全村人口中,田姓有1000多人,占了一多半。此处田姓人家说他们的先祖是由湖南辰州莲花池迁来,家先上写的是"紫荆堂"。村里的田姓以字派分为三门,堂口却相同。三门字派来到这里都有十代以上。向姓在村里有700人左右,由湘西溯酉水而来,其家先上的堂口为"河内堂"。向姓人说他们的先祖是从湖南常德一带过来的。其余有和姓、姜姓、蒋姓、李姓、谭姓、张姓、周姓等。长期以来,虽然当地田地并不宽阔,山林也有限,又多有兵匪之祸,但田、向两家人却从无仇恨,彼此相安、相生,十分和睦。谭姓、李姓等姓是当地小姓,但田、向两姓人从不欺负小姓人家,彼此相处很和睦。田家寨的田姓和向姓之间,两姓与当地小姓之间多有通婚,少有离异。田家寨人与酉水对岸龙山县白羊坪村群众相处也很和睦,几乎从来没有过矛盾。

马拉河（滕树勇　摄）

两族大姓能长期在此立足，守住好田好土，不仅仅靠谦和忍让。村中民风刚烈也是重要因素。旧时，田家寨多有刚强之人，外人不可以力压服。

田家寨地处湘西龙山县到来凤县旧司镇、大河镇的线路中间，又处在来凤县城去往川（渝）东的大道上，茅坝在新中国成立前是来凤县山内与山外的交汇点，也就是土匪控制区与政府控制区的分界线。

晚清以来，当地匪患日重，民众生活处于水深火热中。尤其是新中国成立前的几年，茅坝一带沦为各路巨匪的势力范围和活动中心。田家寨则遭鱼池之殃，常年遭受匪乱之苦。匪患最烈时，田家寨外围存在着多种形态的土匪。

一类被当地人称为毛狗强盗，也是单个或小股土匪。这种土匪在田家寨附近曾经多如牛毛。他们有的腰悬两把斧子或一柄长刀，有的手提快枪或铳，频繁在田家寨一带打家劫舍。这类土匪抢劫的时候，不分贫富，不分多寡，稍有用处的东西都会抢走。有时他们连零碎布块也抢，甚至会抢煮熟的红薯、土豆。若被抢者反抗或对他们不恭，他们便会冷血地杀人。这类土匪对当地危害严重。

据当地几位老人回忆,新中国成立前夕,田家寨与体河村交界处的一个院落一个月就遭受了11次抢劫,弄得许多寨民仓无粒米,身无片缕,被迫长时间在山上找野食吃。

另一类是大土匪。这类土匪少则有100多人枪,多则有上千人且有枪。他们各据一方,又狼狈为奸。其中,较大的土匪有瞿伯阶、彭雨清、何大麻子等人。这种土匪来到田家寨一带,若停留过夜,便会给当地富户下单子,命他们备餐备钱,对所驻之处的穷家小户倒不过分滋扰。

躲土匪是田家寨70岁以上的老人们共同的记忆。据一位姓向的老人说,新中国成立前夕,他只有几岁,寨上常年都有土匪窜来窜去,他经常被父母拉着去洞里、山上或杂树丛中躲土匪。他的两个族姐,被一伙土匪掳走后就再也没有回来。一位姓杜的老人讲述,3岁时其父被国民党部队抓了壮丁,此后便无影无踪。她母亲独自支撑着全家生活。父亲走后的当年,为了熬日子,母亲把她抱在膝上,教她学纺棉线。5岁时,她已能独自完成纺线。纺好的线卖给生意客,赚钱买粮食糊口。她说,因为没有本钱,母亲一次只能买几两棉花,自己也会种棉花。但她家的棉花和纺好的棉线,多次被土匪抢走。她曾无数次跟着大人跑进山林、山洞里躲土匪,好几次她和母亲都差点被土匪乱枪打死。

二、文化遗产

1. 天王庙

马拉寨旁曾有天王庙,建庙时间及功能不详,沅江流域原住民族有信仰白帝天王习俗。民国时期曾长期供奉观音菩萨等。大殿庙高两层,青砖砌墙,大木为柱、为梁,青瓦飞檐,颇为壮观。

新中国成立后,田家寨天王庙被征用为小学校舍,最多时学生达200人,分五个年级,均在庙内上课。后天王庙被毁坏,庙址被切割,其上建起了多栋私房。现在庙址已不可见。

2.古渡口

酉水与老峡河交汇处，自古就有渡口，船工或为湖南人，或为湖北人，不开工资，自收河粮。20世纪80年代，两县政府在此处安排了3名渡工值守，均为龙山人。其一为白羊坪的张师傅。从田家寨下河有很长的陡坡，张师傅每到年底来田家寨打河粮，因难以搬运，要求以钱代粮。另两个船工都姓李。十多年前，一日茅坝赶场，河水太猛超过了警戒线，不能渡人。年纪较长的那个李师傅带着儿子撑船过龙嘴峡，到茅坝买菜。回程时，因水急翻船，李师傅落水淹死，其子只有8岁，顺洪水漂下一段后，奇迹般漂到岸边幸存下来。此后这里再也无人摆渡。如今随着公路通达，渡口早已荒废。从对岸的龙山县白羊坪下河道路较平缓，船可以从酉水支流下来，因此河中打鱼的多半是湖南龙山人。

3.古墓、古井

和家院子老房子右后方山上有一古墓，为和家祖坟。古墓碑文显示墓主为和世全老先生，生于乾隆四十年（1775年），殁于道光四年（1824年）。古墓距今已近200年。

田家寨村一组有古井一口，出水量丰沛，可保一、二组居民生产生活用水，水井东有古道通山下渡口，东连湖南龙山，西接来凤茅坝直达县城。云船司有古井一口，位于和家老屋场寨中，小地名叫富水丘。古井水量可供姜家坨左右两山之人饮用，四组、五组居民达300多人时，用水也有余。饮用此水的村庄无一人有结石类疾病，说明水质上佳。

4.传统民居

寨上传统建筑多为木房，也有土砖房，大部分坐北朝南，堂屋正面基本上都有祖宗牌位，供有神龛、香炉。房屋多雕饰，从防湿气的石基到木窗，都有精美雕饰。图案有鱼虾鸟兽、山水花草、龙凤呈祥、瓜果飘香等。目前遗存下来的大屋很少。田家寨正寨在村东北罗家坡下。寨中曾分布着多个小院。其中一处小院有6间木屋，正屋为三柱四加二拖二。房子做工精细，用材考究，千字格窗户简练大方。据房主田老汉说，此房由其祖太所建，已有约200年历史。

云船司对面的五组和家院子有10栋木房子，大多人去楼空，无人打理，房主迁往外地安家。姜家垴左岸云船司包括蒋家坡、和家老屋场两个寨子，蒋家坡居船首，和家老屋场居船尾，两寨紧邻，四组、五组共居，主要有和、蒋、谭、李四姓，33栋木房，建成年代不一，清、民国都有，其中五组1号房屋堂屋大门上方有五角星木雕装饰。房子多三柱四骑三间排屋，一明两暗，上盖小青瓦，依山傍水，竹林相映。寨子内有20世纪人民公社时期的千头畜牧场遗址存在。

蒋家坡古寨（龚志祥　摄）

5. 马拉河大桥

田家寨与茅坝隔马拉河相望。茅坝曾经是绿水乡一带的传统闹市。田家寨人过去求学、赶场均要去茅坝。苦于高峡阻隔，寨上人过河赶场、求学等十分艰难。出寨需从悬崖上下到河底，渡船或自己划排过河，再从悬崖间爬上对岸。一上一下十分费时费力。遇上洪水又不得不出门，便只好绕道十几千米，从体河村过上寨，再到茅坝。有的人不愿绕路，会选择冒险过河，每年都有几个水打沙埋、一去无返的。天干时寨里人要下河挑水。一上一下把人磨得半死。

有个姓李的村民从河里挑水上来,到了崖顶脚一滑从上落下,人是扯住树枝保住了命,水却泼得一干二净。五尺高的大汉,蹲在悬崖边嚎啕大哭。这样的事每年都得有几次。

1975 年,马拉河大桥终于开建。拨款只有两万元,买钢筋、水泥都不够。全村人家有钱出钱,有力出力。男女老少齐上,下雨不收工,下雪不停工,历时一年,一座雄跨在峡谷腰上的大石拱桥建了起来。寨里从此摆脱了千百年的跋涉之苦。

6.夫妻树

寨中耸立着两棵参天老树,从树上悬挂的林业部门的保护牌来看,一棵叫酸枣树,一棵叫沙包树(朴树),树龄均在千年以上。两树虽品种不同,大小却接近,均需几人合抱。几年前树下田姓人家整修场院时,在两树下砌了保坎,树干被掩埋了近两米高。两树树枝相连,树根相缠。

村民田顺洲家的两层小楼就在树下。他说这是一对夫妻树,两树本来花盛果丰,后来不知道为什么,沙包树结果但不开花,酸枣树开花但不结果。沙包树的果子呈黑色,十分清香可口,每年果熟时籽粒纷纷掉在地上,大群鸟雀前来觅食,有白鹭、灰鹤、喜鹊等十几种鸟,每天天刚发白就在树上叽叽喳喳叫个不停。村民把这些鸟视为吉物,不捕捉、不射杀。村

夫妻树(唐俊 摄)

民还相信这两棵树能让夫妻和睦,家庭美满,因此树上多有红布,树下香烛不断。据田顺洲说,从30年前开始,一群重庆酉阳县的信众每年除夕晚到正月初一凌晨都会跋山涉水前来敬树,但当地人却极少有人见到他们,只是见了供物之后,才知道他们又来过了。30年中,他们从未间断。

田顺洲祖父田天干有勇力,一直住在树下。以前有很多人打过这两棵树的主意,要砍掉运走,都被他撵走。田天干一生与这两棵树为伴,享年95岁。田顺洲的父亲也守护此树多年,享年86岁。寨中曾有少年上树砍枝丫,下树后,有毒蛇从树上落下,正中少年脖颈。此后人们再也不敢轻易打这两棵树的主意。

1975年修建马拉河大桥时,因物资奇缺,有人想砍掉这两棵树做支撑方材。正要砍树时,幸有林业部门的干部接村民举报后飞奔赶来,制止了砍树。

对树的崇拜、敬畏自然、看重情义的思想是实实在在的。因为这种乡风,田家寨自建寨始,虽历经无数天灾人祸,但仍然正直善良。

7. 龙嘴峡

酉水流经来凤县、龙山县城郊,过螺蛳滩、水寨后,水势渐渐汹涌起来。又过九龙盘东、红花片区,纳新峡河、猛洞河(草船河),酉水水量大增,河谷却突然收紧,两壁巨石将河道挤压成一道狭窄的石口子。水流急泻而下,激起惊天动地的浪涛和水吼。这里就是当地有名的窄口子。千百年来,红花一带每过几年就会因窄口子阻塞洪水而形成大面积水患。

过了窄口子,河道虽然变宽,山谷却更加幽深、险峻,河水一路奔腾嘶吼,如巨龙翻腾,势不可挡。此处即为龙嘴峡,是来凤境内酉水三峡中的第一峡(另两峡为阿塔峡、卯洞峡)。

龙嘴峡在田家寨东北,因山谷幽深险峻,酉水经此如巨龙吐水而得名。龙嘴峡长约4千米,酉水由北而南奔腾其间,从窄口子进,自落水洞出。两岸石崖壁立,林木繁茂。此段酉水纳新峡河、老峡河、沙草河,水量大增。

《来凤县志》(清同治版)载:

县南三十里,县治诸水与龙山鳌水合流处也。两山对峙,壁立千仞,有滩曰鱼滩，鱼从中分。每春夏之交，自下而上，渔人以两筲并乘。在龙山者，色黄、色黑无鳞。在来邑者，色白有鳞。以一水而鱼分两县、两色，亦奇。

龙嘴峡（沈鸿俊　摄）

现落水洞已建成电站，整个龙嘴峡和马拉河一带都已变成高峡平湖。此处为湖南省龙山县与湖北省来凤县的界河，东为湖南，西为湖北。河中遍布巨石，水流陡急，声如雷吼。峡中有河心岛。岛上常有水鸟成双成对落窝安家，因此有鸳鸯岛、情人岛、公母岛、相思岛等称呼。2019年初，落水洞水库蓄水，龙嘴峡成为高峡平湖。

  2000年前后，龙嘴峡曾进行过旅游开发，河道中设有皮筏子漂流，西岸的森林中建有规模较大的凤都山庄，设餐饮、住宿和不少娱乐项目，一次可接待数百人。彼时龙嘴峡春秋可游走，夏可漂流，冬宜赏雪，全年各个时段均有大批游客前来游玩。山庄旁还复建了玉龙宫，红墙金瓦的大殿雄伟壮观，曾引无数民众前来礼拜，宫内终年梵音洪亮，香烟缭绕。

  龙嘴峡西岸、罗家坡东端的悬崖间，有一巨型石洞，人称仙人洞。《来凤县志》（清乾隆版）对此有简略记载：

    县南四十里，乃佛塘、上寨诸水之汇流也。两崖壁立，千有余尺，上有槛柶，传为仙刹，高不可攀。

  仙人洞口不大，洞口高约3丈，阔约4丈。洞的走向与"青龙"一致，从山体中一直延伸到6千米外的云船司黑山一带，成为田家寨的一条隐藏的"地

篁竹覆盖的仙人洞口（滕树勇　摄）

龙"。其间，蒋家坡有多处垂直的天坑与巨洞相通。新中国成立前，当地大户人家常常在洞中藏物，为防人进洞，这些人家四处散布消息，称此洞有仙人常居，洞下的石台为仙人台，穷人可前往借粮借物，但必须按时足量偿还。同时要求人们不可擅自进洞，否则终生不可借粮借物，还要受到仙人的惩罚。后有人借好谷还瘪谷，仙人台便再也不灵验了。

田家寨村无道路可直通仙人洞，但绕道本镇施南坪村的猫儿滩，有小路悬于绝壁，可通往仙人洞。常年有风进出仙人洞，呼呼有声。洞内崎岖不平，很少平地。中有一小瀑，经亿万年溶蚀、沉积，形成了一处叫千丘田的水华台地，宽10余丈，长20余丈，十分壮观华美。洞内钟乳、石笋则不计其数。主洞并不十分宽阔，但支洞繁多，深不可测。据村民说，进洞必须打记号，否则将会找不到出路而葬身其中。民国时有一伙村民进洞探宝，挑了两挑石灰做记号，入洞七天，才走到天眼（天坑）下面。此天眼高数十丈，树干掉下去，会摔成细柴块。

新中国成立前，常有村民为饥寒所迫，不畏"仙人"入洞熬硝，熬得的硝卖与大户人家做火药。新中国成立初期，生产大队曾组织50多人进洞熬硝，很快把硝土熬光了。

旧时，仙人洞险要的地势和复杂的洞内地形，常常引来附近各路土匪进入。两股土匪相争时，若失败的一方逃入洞中，另一方便无计可施。20世纪40年代初，湘西匪首瞿伯阶经营此洞，在此办福利社，囤积粮草、武器。国民党在茅坝剿匪时，强令民众砍山熏洞，把方圆十几里的山林全部砍光、烧光。瞿伯阶在仙人洞和茅坝一带的天坑中趴壕（隐藏）三月，躲过一劫。

田家寨解放时，当地一保长逃入仙人洞。该洞洞口上方还有一暗洞，只有一处垂直通道可入，一夫当关，万夫莫开。在其亲属的暗中帮助下，保长躲在暗洞中长达四年之久，缉捕人员无计可施。最后缉捕人员做通了保长父母的工作，让他们进入洞中劝子，终于把保长捉拿归案。

仙人洞下不远处是龙嘴峡出口处，有一渡口，名烂船湾。湾下河中有岛形如湾月，称为"月亮岛"。

三、云船司

田家寨村西，靠黑山处有垅，十几股山泉从牛角湾一带流下，汇集成小溪，滋养着两百余亩水田。垅南，有山如船，每逢气候变幻时，便有云雾从洞里、天坑中或田间升起，缠绕着船山。附近有寨，由和、谭、李等五姓人家组成，最多时有500余人。寨中均为小户，住木屋。云船司是山中的小盆地，起雾时只能看到突兀的山顶，寨子则被雾气笼罩，好像是一马平川，因此被叫作云船司。又相传有一位姓银的船夫经过此地，发现该区域风景特异，林深土肥，就定居下来，称之为银船司。也有说此船形地被山中白云环绕，呈银白色，故名银船司。后音变为云船司。

云船司有一块蝙蝠状平地，附近山顶有个大洞，当地村民称，见溶洞里飞出的蝙蝠趴到了这块地上，便把这块地叫"飞蝠伏地"。现在云船司的一半良田已被姜家垅水库淹没。

船山上原有龙王庙，安放着少见的山龙王。后与天王庙同时被夷为平地。

四、重邻重友乡俗

新中国成立后，从深重苦难中走过来的田家寨人，普遍重邻重友。田、向及各姓之间、鄂湘之间，多有结亲，均和睦相处。在生产劳动、经营中，大家也彼此照顾，共同学习，共渡难关。

村中有孤寡老人，在五保政策尚未健全时，大家共同承担照看任务，共同筹资、出力帮助老人入土为安。

村民田洪兴的妻子是酉水河对岸湖南省龙山县白羊坪人。两人结婚四十年，没红过一次脸。无论生活困难与否，两人均无埋怨，只知共谋出路。田洪兴说，田家寨人本性如此，大家都这样过日子。田洪兴跟随丈人学木匠手艺，可做圆木桶、做棺木，也能做掌墨师起屋上梁，至今还能将起扇、开梁口的歌锣句背得滚瓜烂熟。同村的向兴爱师傅是老木匠，也是老掌墨师。"同行相轻"的旧风在田洪兴与向兴爱身上从不存在，田洪兴与向兴爱经常共事，田洪兴年轻，脑子转得快，向兴爱年长经验丰富，干活沉稳，两人在一起时，年轻的敬重年长的，装烟倒茶不懈怠。老师傅关心小师傅，手艺上的事不保守，有什么教什么。两人相处几十年，没发生过一次矛盾。

谭师傅，1938年生，6岁时父母双亡，与兄住在黑山下的牛角湾。时因国民党"祝山部队"在来凤县茅坝、五台一带剿匪时乱杀山民，留下大量孤儿。有丐头大坯子，手持九子鞭在茅坝一带率众行乞。谭家兄弟准备去跟队乞讨。他叔叔说，先来我家，哪怕我去讨饭，也不让你们去讨饭。其婶侯桂芝，本有两子，生活艰难，但对丈夫收留小侄两人毫无怨言，视如己出，尽心竭力抚养，从无半点恶语。

田洪兴有一族兄，田家寨出生。因读书厉害，考学后分配当干部。田洪兴40岁时，因父母、岳父母、叔婶年高，主动回乡工作，与妻子一起照看6位老人。

退休后，田洪兴成了乡贤。很多村民之间有纠纷，将要械斗时，会先给他打电话，告个信儿。如此一来自然打不起来了，他会把两边都安抚得妥妥贴贴。政府在村里落实政策有障碍，也常常会想到他。村民不是他的亲戚就是伙计。他一出面，讲价钱的不张口了，斗狠的讲商量了。寨里像田这样的乡贤，起码有十来个。很多难以理清的家长里短之事，就是被他解决的。

五、凤头生姜

生姜在来凤具有数百余年的种植加工历史。来凤传统种植的生姜因其每柄有20头左右，形如凤头，因此名"凤头姜"。茅坝周围的田家寨、周家湾、香沟、上寨、老寨等村，地平土肥，长期是来凤特产凤头生姜的主产区。当地温暖湿润的气候和富硒黄棕沙壤造就了此地凤头生姜具有富硒多汁、无筋脆嫩、营养丰富、香味清纯等特点。2007年，来凤凤头姜被国家质监总局（现国家市场监督管理总局）认定为地理标志保护产品，成为闻名全国的土特产。

来凤栽培凤头姜的历史悠久，起于何时不可考。《来凤县志》（清同治版）

录入种姜历史：

邑人多以盐渍干，白者甚佳，名冰姜。隔年者，名母姜，可入药。出蜀中者良，邑近蜀，故姜特胜。

清邑人郦世麟赞本县蔬菜类首推冰姜，称其味辛脆，无筋瓤。1997年凤头姜干姜样品送日本鉴定，被评定为东南亚名姜。目前，凤头姜栽培已被载入全国高等院校蔬菜专业教材。

1998年，来凤县成功开发了全国生姜第一个"绿色食品"，并通过农业部（现农业农村部）质量认证。其拟定的"绿色食品生姜生产技术操作规程"已由农业部（现农业农村部）审定为部颁标准。

凤头姜（唐俊 摄）

田家寨凤头姜畅销来凤县内外，村民有制作糟姜的传统，其独特的口感已成为来凤代表性的传统美食，也是五湖四海来凤游子共同的乡愁。

六、酉水渔事

酉水河和马拉河两河相拥，使田家寨河鱼品种繁多而肉质优良。凤滩水库封河之前，每年汛期，都有大量鱼群从长江、洞庭湖沿河而上，在龙嘴峡、马拉河的激流和水洞中产卵、生长，数量多、较常见的有青鱼、翘嘴、裸鲤、淘沙鱼、马口鱼、甲鱼、青虾等。这些鱼"七上八下九钻洞"，即七月上溯，八月下漂，漂不走的，到了九月就钻进水洞过冬。这种生息规律万年如一，直至江河寸断，渔道阻绝。上溯而来的鱼类中，让渔民记挂最深的，是一种叫"抢生鱼"的大鱼。这种鱼体型如柱，头长而翘，黑背白腹，鳍坚而长，长可超过五尺，重可逾百斤，且肉质十分鲜嫩。此鱼食肉，最好在激流险滩上飞跃，捕食其他鱼类或飞鸟、昆虫。20 世纪 80 年代，凤滩水电站蓄水很久以后，酉水河中仍有"抢生鱼"出现，只是一年比一年个头小。20 世纪 90 年代，塘口水电站蓄水后，"抢生鱼"很快就绝迹了。

有钓客在田家寨对面的水库中钓起一条 70 多斤重的大青鱼。大青鱼浮出水面后，人们惊愕地发现另有一条个头稍小的青鱼奋不顾身地紧贴着上钩的大青鱼翻转，钓客既赶不走它，也无法捕捉到它。它似乎是一条母鱼。它对大青鱼的态度极似生死相依的伴侣。很多观者感到了不安，极力劝阻钓客放弃此鱼，但钓客已完全沉浸在意外收获的巨大喜悦中，并未理睬旁人的劝说。他用了几个小时，才把大青鱼捞上岸。此事引起的议论，至今仍未平息。

今天的龙嘴峡和马拉河，每天仍然有不少渔人在捕捞。随着禁渔制度的常态化，这一带的鱼类又将渐渐丰富起来了。

近年来，姜家垅一带莲藕种植获得成功后，藕田养鱼也取得了很好成效。

来凤县传统村落

古树人家

——杨梅古寨

杨梅古寨寨门（彭涛　摄）

走近

一、村落概况

杨梅古寨地处三胡乡黄柏园村和石桥村，历史悠久的巴盐古道经过两村，形成古老的聚落村寨，加之两村拥有天然古杨梅群落而闻名于外，天人合一而成杨梅古寨。

杨梅古寨被授予州级古杨梅群落自然保护区，依托丰富的自然人文资源建成的杨梅古寨景区，是国家4A级旅游景区，也是乡村旅游热点村寨。

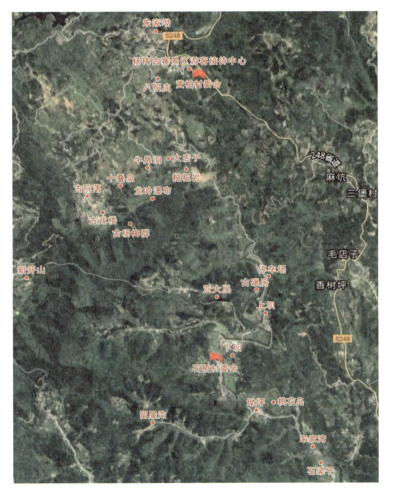

杨梅古寨地理位置图（黄康　绘）

· 195 ·

黄柏园村和石桥村属于一个整体，位于三胡乡北部。黄柏园村居北，石桥村居南，地势北高南低，坡度不大，由南向北，缓慢上升，在山谷间形成一些台地、小盆地和缓坡，宜于耕作和居住，形成大小不一的村落，顺巴盐古道镶嵌在美丽的崇山峻岭间、河流谷地中。

黄柏园村东与三堡村相邻，北与阳河村相连，南与石桥村毗邻，西与革勒车镇土家寨村接壤。村委会驻地朱家坳，距乡政府驻辖地胡家沟5.9千米，村辖区原名"八股"，以最早从湘西迁来的八户人家得名；建村后以辖区有上下两个黄柏园居民点命名。黄柏为中药名，此处应是指芸香科植物黄皮树，其干燥树皮称黄柏，具有清热燥湿、泻火除蒸、解毒疗疮的功效。历史上该村广种黄柏，曾有两个黄柏园，可见此物需求之旺盛，也可以从中药这个层面印证当时古道的热闹繁忙，人流穿梭，物流畅通，这一切也成就了今日的杨梅古寨。

石桥村东至三堡村，南至狮子村，西至革勒车镇鼓架山村，北至黄柏村。村委会驻地下坝院子，距乡政府驻辖地胡家沟5千米。村名以辖区内一石拱桥

石桥村上坝院子（周兴炼 摄）

得名，石拱桥系10名抗倭捐躯将士的遗孀集资建造，本名"十娘子桥"，后以音转义为"石梁子桥"，石桥村也因此名。

杨梅古寨在土司制时期属散毛土司辖地，乾隆元年（1736年）改土归流建县后，属贞肃里，民国时期先后属一区、贞肃乡、三胡乡。黄柏园村在新中国成立之初属八股乡，1958年属三胡公社立新大队，1975年三胡公社立新大队改称八股大队，1984年6月属黄柏村。石桥村在新中国成立初分别属胡家乡和漫潭乡管辖，1958年属三胡公社石桥大队，1984年6月石桥大队一分为二，分别建立石桥村和狮子桥村。

杨梅古寨海拔600—800米，属丘陵、沟谷地带，坡势平缓，阳光充足，土地肥沃，物产丰饶，总面积达18.8平方千米。古寨水稻、玉米、薯类、油菜均有产出，黄柏园贡米较为有名。杨梅古寨森林资源丰富，以杨梅林闻名天下，现有古杨梅树数十棵，树径均达一米以上，有树龄上千年的古杨梅树，属鼓架山古杨梅群落保护区组成部分。杨梅古寨中的杨梅、藤茶、药材、竹木品质上佳，深得大众青睐。古寨辖23个居民小组，多民族共居，以苗族居多，据古寨张、黄几大姓氏族谱记载，其先祖于改土归流时，奉朝廷命令从湖南麻阳迁入当时的散毛故地，古寨保存下来的清朝多个年代的地契也可以佐证。现村庄张、黄、杨、龙等姓氏人口较多。杨梅古寨石桥村最早的姓氏分别是邓氏、张氏。邓氏先祖邓芝茂携六子同其表亲张氏分别在上坝和亚大屋扎根安家。据文献资料和家谱记载，邓氏先祖邓芝茂是从贵州镇远迁来的，至今已传至第十四代。该院落北端有其先祖开凿的古井，还有栽种的两棵桂花树。

黄柏园村于2009年被评为湖北省旅游名村；2013年被评为湖北省民族团结进步示范村；2012年为湖北省首批启动的十个绿色幸福村之一；2013年入选第二批中国传统村落名录；2014年入选"中国首批少数民族特色村寨"；湖北省绿化委、省林业局于2014年确定其为绿满荆楚"绿色示范乡村"；2015被评为全国文明村镇。石桥村2014年被列入第三批中国传统村落名录；2017年入选第二批"中国少数民族特色村寨"。

二、文化遗产

杨梅古寨历史文化积淀丰富,有古桥、古道、古院落、古庙宇、古石林,古碾房、古戏楼等,保存着多种民族民间艺术样式,最具特色的当属挑花灯、狮子灯、柳子戏和民间小调。

1. 古盐道

巴盐古道也叫川鄂古盐道,位于武陵山区,大致分北中南三条呈东西向的盐道,是古代武陵地区运输食盐等生活物资的生命线,被誉为"南方丝绸之路"。

来凤县境古盐道属于巴盐古道的中线,西起重庆彭水的郁山镇,郁山盐泉是古代巴国的重要盐场之一,盐道经咸丰县十字路抵来凤县革勒车镇,然后到达来凤县城中转,县城盐街因此而兴。来凤县古盐道用石头铺成石板路,外连周边集镇,内通每个寨子每户人家。当时杨梅古寨的黄柏园寨子内就有"路不沾泥"的独特景象。最难得的是,至今杨梅古寨还保存着6千米的古盐道,上接重庆下连湖南,被誉为"南方茶马古道"。

千百年来,人们挑着担,牵着马,唱着"桑木扁担软绵绵,下挑花纱上挑盐"的山歌,维系着这条武陵山区的生命线。大店子是四条石板路交汇之处,恰如今天的交通枢纽。古人在这里修起

古盐道(龚志祥 摄)

客栈、茶楼、酒肆，成为四方商贾歇脚之处，"大店子"的名称延续至今。大店子是古盐道上最为重要的驿站。鼎盛时期，客栈、酒肆、茶楼等林立。据村中老人说，杨梅古寨古老的盐道是川鄂古盐道的必经之路，是明、清时期武陵山区运输食盐等生活必需品的生命线和经济线。随着时代的发展，盐道进一步完善，纵横交织，南、北、中三条盐道南北贯通，从万县方向东运的盐巴也部分进入来凤境内，于是民间有"去万县挑盐"一说。现盐道已经淡出人们的生产生活领域，现代交通改变了人流物流的方向和速度。

2. 古院落

杨梅古寨的古院落是南方山区建筑文化的精品，是凝聚了各民族同胞的智慧结晶。整个村落为木结构建筑，主要由正屋组成，或配拖步或配厢房。正屋的固定形式大多是面阔三间，单檐歇山式屋顶，上盖小青瓦，正屋平面布局明间为堂屋，次间为卧室，堂屋是全家共用空间，家里的重要仪式，如祭祀祖宗、结婚、丧葬等都在堂屋中进行。堂屋正面墙上设有供奉祖先牌位的神龛。所配附属建筑或拖步或厢房作厨房，设有火塘，面积够大的加一堵墙隔出另一间房设猪圈。特别要提的是张氏民居以老屋的中轴线对称，两向各修一正屋，平面

黄柏村二组古院落（唐俊 摄）

布局呈凹字形，中间为院坝。正屋阶沿大多条石砌成，院坝绝大多数为青石板铺砌。民居结构为榫卯穿斗结构，大多为三柱四骑，四柱六骑次之，还有少量的是五柱四骑、五柱六骑、五柱八骑。

杨梅古寨的黄柏园村二组有黄家大院、张家大院，是苗家建筑的奇葩，体现了苗族文化与土家族文化、汉族文化的融合。

石板路绕山过岭，穿过古枫树林，便是黄家大院，位于黄柏园村东南部，以黄姓先辈于清代前期由湖南迁此形成聚落而得名。黄家大院东至岩坎脚，南至大店子，西至新场，北至八股庙。咸丰年间，黄正鳌组织八大家族共同修建了八股庙。现院落保有岩院坝，房屋多为青瓦木屋苗式建筑，呈团块状分布，为景区古院落之一。

然后是有400多人居住的下黄柏园张家院子。杨梅古寨的黄柏园有上下黄柏园之分。张姓于清康熙年间从贵州迁此，成为当地旺族，后人口增多分族而居，此片区地处山坡，故称上黄柏园，东至桥湾，南接鼓架山，西至野猪窝，北至新场。下黄柏园为上黄柏园张氏家庭族分族居住地，相对于上黄柏园而言，地势低些，名为下黄柏园。下黄柏园东至大店子，南至石桥，西至袁家院子，北至朱家坳。现有张、吴、李、陈、杨、彭、龙等姓，以张姓居多，苗族为主。下黄柏园是杨梅古寨传统建筑主要分布的一个片区，传统古建筑有27栋，呈团块状结构，三个大院落、三个岩院坝，台基保坎全用巨石砌成，青瓦木房清清爽爽，阶檐地脚岩全是条石，每一栋木屋都历经沧桑而坚固牢实，都有百年以上历史。院内吊脚楼下临高坎，大柱落地，青石砌墙，横排五间，凭栏可以俯瞰山水。吊脚楼二层还有戏台，面阔五间，上下两层。民国时期，因人为纵火而毁掉一次，后重修。张、黄两姓是此地大族，既会经营，又重视教育，出过不少能人，经常在地方上修桥铺路建院落。

杨梅古寨的石桥村传统建筑主要由邓益山民居及作坊、上坝院落、下坝院落和亚大屋院落组成，除亚大屋院落与小河隔着坡脊，其他就在小河岸边平地上，依山傍水。整个村落有102栋建筑，除平房28栋外，其他都是木质建筑。其中建于民国时期的建筑现存5栋，建于新中国成立至1980年的建筑现存58栋，剩下的为1980年以后所建。传统建筑保存完好。

在村落南部的漫潭河边邓益山民居及作坊独处一边，其民居为1994年翻建，悬山顶式木构房，东偏南向，面阔三间带厢房，五柱四骑。其作坊，始建于清晚期，南与正屋相邻且呈直角，由两个碾房和一个油房组成，碾房北侧筑有水渠，引漫潭河水作动力，碾子全由水力驱动。

上坝院落分布面积广且集中，共52栋，除10栋现代平房外，其他都是木质建筑，建于新中国成立至1980年的建筑38栋。该院落木构建筑，建筑大多西南朝向，极少为南向。院落中部有一石板铺就的大院坝，西南紧邻乡道，是村民开会和集会等娱乐活动的地方。这里的建筑大多与大院坝在同一高度和同一平面上，极少数房子相互独立地选择住宅地基和朝向，相互之间在高度和平面上关联不大。院落依山傍水，房屋鳞次栉比，飞檐翘角。

下坝院落呈带状分布且集中，共27栋，其中建于民国时期的建筑现存1栋，建于新中国成立至1980年的建筑4栋。这里的建筑朝向大多为西北向，西南向次之。集中分布的10余栋建筑，在同一高度和同一平面处，其他房子相互独立地选择住宅地基和朝向。片区内建筑依山而建，层层叠落，分布有序。

亚大屋院落分布面积不大，除老院坝传统建筑集中分布外，其周边建筑零星分布，共23栋，除3栋现代平房外，其他都是木质建筑，其中建于民国时期的建筑4栋，建于新中国成立至1980年的建筑16栋。

杨梅古寨的传统建筑保存完好，另有一些居民点的建筑文化融入地名、习俗等，也很有特色。位于黄柏园村北部的朱家坳因清中期一朱姓人家在此山坳开设旅店而得名，现有杨、朱、邓、张、刘、侯、袁等姓，以杨姓为主，苗族居多。位于黄柏园村东北部的八股庙以清代八姓人家修建庙宇得名，现有黄、姚、张、滕等姓居住，以黄姓为主，苗族居多。大店子因清代时此地为盐道枢纽而获名，张姓大户在此建有客栈、茶楼、酒肆等，现有龙、杨、赵等姓氏，以龙姓为主，苗族居多。位于黄柏园村北部的段家梁以段姓人家于乾隆年间从湖南迁此山梁而得名，现以段姓居民为主，苗族居多。位于黄柏园村西部的新场上，以咸丰年间此地因盐商往来而形成的一个新集场命名，现有谭、黄、胡、龙等姓氏，以苗族为主。位于黄柏园村西部的袁家院子以清末袁氏三兄弟从贵州迁此形成聚落而得名，现以袁姓为主，苗族居多。

3. 古庙宇

位于黄柏园村东北部八股庙，距村委会约 1 千米，以清代八姓人家修建庙宇得名。据传八股庙为八姓合股修建，清咸丰己未年竣工，村民由湘西保靖迁来时，尚无人烟，却有虎狼，先民斩草垦荒，始得繁衍。后庙被拆毁，现已修复。存留的石碑告诉人们，此地原为八姓人所有，他们通过披荆斩棘，驱逐豺狼，使之成为膏腴之地，也见证了土苗文化融合的历史！残存碑文记载："求神之所在于此乎于彼乎；降福之无疆有临也有信也"。横批是"威灵显应"。碑文反映了八姓人在黄柏园开疆拓土的历史。

2012 年，在原址上复建八股庙，占地面积约 1321 平方米，主体建筑大雄宝殿采用重檐式仿古风格，高近 15 米，宽约 18 米，蔚为壮观。

4. 古戏楼

该栋吊脚楼下临高坎，大柱落地，青石砌墙，楼高三层，横排五间。吊脚

古戏楼（唐俊　摄）

楼正面二楼中间是戏台，凭栏可以俯瞰山水。青瓦木房保存较为完好，再现了200多年前的盛世景象。历史上，黄柏园村有南剧班子、柳子戏班子，许多剧目传承至今。

这里曾经是杨梅古寨黄柏园村的文化中心，村里的文化活动十分活跃。将住房与戏台组合在一起，这是杨梅古寨人的创作，也体现出土家族、苗族文化和汉族文化的融合。

5.古墓葬

在一块天然生成的石板上，赫然矗立着一座圆形石墓，碑石上刻着"诰封宜人郭母黄太君之墓"，墓门刻有联曰"生能有志为贞妇，死颇无渐对丈夫"。由于古墓建在石板上，村民叫它"下不沾地"。

与此墓相距约1里的另一座古墓更为奇特，为三厢挂鼓牌楼碑，轿顶格式，高大雄壮，雕刻精美。正面题刻为"待诰宜人恩深显妣张母田老太君之墓"。

古墓（龚志祥 摄）

大店子还有另一座古墓保存完好，为三厢挂鼓牌楼碑，正面碑刻有"皇清待赠孺人蔡老太君之墓"，中间墓联是"骨归故里仙云近，魂伴空山夜月明"。两旁联为"人间只欲常常见，地下须从缓缓归"。从碑联看，此位老太君是跟随当官的儿子住在外地，死于当地，后归葬故乡。

还有一处墓葬在山洞里，当地人叫它"上不沾天"。

6. 古碾坊

碾坊已经有一百多年历史。石碾是通过水力使碾盘转动，依靠碾盘的重力对稻谷进行破碎去壳。石碾由碾台、石滚子、碾架和碾盘四部分组成，一般使用时由人或马绕轴转圈，而此地碾坊是借用河水落差筑渠引水，利用水能带动。石碾子转动时碾子与石滚子摩擦发出咯吱咯吱的声响，声音听起来悠远而沉重，仿佛贯穿悠远的岁月，像一曲亘古不息的歌谣。石碾虽已经历百年，但一直未曾停止过使用，是珍贵的历史遗产。

古碾坊中的石碾（唐俊　摄）

7. 梦回乾隆

该景观是人与自然和谐相处的杰作。此处河道堆积着众多平整的巨石,将水道一分为二,平时溪流在岩隙间淙淙流淌,山洪泛滥时,则乱石穿空,惊涛拍岸。河上有一座小石拱桥,在桥体修复时曾挖出石碑,碑上明文记载此桥兴建于乾隆年间,因此叫"梦回乾隆"。

梦回乾隆古石桥桥头的功德碑(龚志祥 摄)

8. 十娘子桥

十娘子桥全长 30 多米,高约 7 米,主拱长 9 米。大拱是古人修的,而且修桥的是十位遗孀。清代改土归流以前,这里属散毛土司的辖地。明代中叶当地有10名义士跟随散毛司主在东南沿海抗倭,并为国捐躯,其遗孀捐资修建了这座石拱桥,造福乡民,当地人称其为十娘子桥,后人将"十娘子"误读为"石梁子",石桥村也因之得名。

十娘子桥(唐俊 摄)

9. 挑花灯与柳子戏

挑花灯发源于杨梅古寨,是当地古老而独特的民间灯舞之一,距今有400多年的历史。据传,巴盐古道南来北往的盐商都要在杨梅古寨黄柏园的大店子歇脚,盐商在休息时放下担子,在扁担上捆上花草,模仿走路的动作唱歌跳舞,自娱自乐。后来经过不断加工,逐渐转化成一种格调新颖、舞姿生动、妙趣横生的"挑花灯"艺术。

据当地挑花灯传承人介绍,黄柏园村的挑花灯历史悠久,大概从清朝就开始跳挑花灯。挑花灯舞蹈动作源于群众劳动生产生活,除了舞蹈,还配有唱词,有男女对唱、合唱等多种形式,集思想交流、表情达意、赞美生活于一体。

挑花灯的道具主要有花篮、竹扁担、牛皮鼓、大铜锣、头钹和马锣等。一般是八人表演，最多时是十六人表演，比例是男女各半。花灯唱的全部是灯调，有花灯调、莲船调和车灯调。每年春节期间的农历正月初一至十五，当地村民唱着小调，踩着鼓点节奏，边唱边舞，优雅风趣，多姿多彩。

花灯唱词颇具文采。以五字句、七字句居多，以四季、十二月等数字为逻辑顺序组织唱段，富有浓郁的地方特色，表现了古寨人家的聪明才智。如花灯调《孟姜女十二月寻夫》歌词中唱道：

> 二月寻夫百花开，百花朵朵闹春来，
> 燕子衔泥屋檐下，一双去哒二双来。
> 五月寻夫是端阳，龙船花鼓闹长江，
> 江上儿郎千千万，不知哪是万喜郎。

现流传的主要曲调有"十二月劝姐""十二月劝哥""交情歌""十绣""孟姜女哭长城"等三十多种。花灯小调，清新明快，为群众所喜闻乐见，是三胡乡独具特色的民俗艺术灯种，至今仍以活态方式在村落传承。

白天挑花灯，晚上唱阳戏。杨梅古寨黄柏园村流传的柳子戏又名"阳戏"，俗称"杨花柳"，其声腔源于四川梁山调，顺着巴盐古道传入黄柏园村后，与当地民间音乐和语言相结合，演变成具有山村特色的小戏。

柳子戏分生、旦、丑三行，后受大戏影响，也加入净角。其主腔有两种唱法：一种是用平嗓平腔唱，尾音不翻高，称"老梆子"；另一种是真假嗓结合，尾音翻高八度，称"新梆子"，以大筒胡琴为主奏乐器。柳子戏传统节目多为反映家庭生活的小戏，俗称"一家之戏"。其剧目主要有《哈巴拜年》《土台赠银》《古老六做媒》《兰桥会》等。

三、自然遗产

1. 古石林

被当地人称为"老山河"，它是"地质奇观博物馆"，在那里可以领略宏大的各式各样的石林的风采。这片古石林生成于古生代奥陶纪，比生成于2.7亿年前二叠纪的云南石林早2亿多年。传说鲁班修佛潭时，派大徒弟凿卯洞，二徒弟到四川峨眉山采奇石，后用赶山鞭把奇石赶到这块地方时，因大徒弟偷懒学鸡叫，引得四乡鸡都叫了，害得二徒弟法术不灵，石头赶不动了，就在这里落地生根，变成了石林。有一块石柱形如糯米糍粑叠成，乡民称它为糍粑岩。它的身后翠屏环绕，奇峰竞秀，有的似苍鹰，有的像仙女，有的像莲花，有的如龙虎，婀娜多姿且峥嵘雄奇，真是造物主的鬼斧神工。石林山腹中，隐藏着许多溶洞，洞内迂回曲折，犹如迷宫，成为了探险者的乐园。去探险的人有"给我一整天，还你一亿年"之评价！

"老山河"石林（唐俊　摄）

糍粑岩是杨梅古寨景区的重点区域，兴建有游客接待中心、休闲广场及生态停车场等。糍粑岩的石林是有故事的，有关"岩人"的故事家喻户晓。在石桥背倚的山梁上，矗立着两块人形石柱，粗壮的一块叫"公岩人"，可惜只剩半截，"苗条"的一块叫"母岩人"，她风鬟雾鬓，天然卷发。还有一个叫"乖岩人"，她头缠丝帕，发插金钗，鼻梁高耸，脖颈纤细，确实像古寨人家心目中的"乖妹子"。相传岩人梁上的两个岩人是守护神。当地老百姓说：两个岩人朝暮相对，日久生情，白天俨然矗立，夜晚便在山梁上幽会。谁知有一天两人误了守护的时辰，天亮仍未回到原处，被玉帝知晓后大怒，派出雷公电母，将男岩人头部劈下，将母岩人的轿子炸毁，生生将两个岩人撕开。只留下他们的女儿"乖岩人"，站立在悬崖边守望父母。

糍粑岩（彭涛 摄）

2. 古杨梅群落

杨梅古寨景区拥有天然古杨梅群落，为州级古杨梅群落自然保护区。古杨梅群落与古银杏群落、古珙桐群落、古杜鹃群落一样，都是第四纪冰川过后保存下来的稀有珍贵植物。杨梅古寨黄柏园村现有杨梅树10000多株，其中百年以上的108株，300年以上的33株，在杉木垭下的半山坡上有一块平地，叫"观音坐莲"，该处有4株树龄近千年的古杨梅树，枝叶繁茂，树龄最长的一株有1200年，有"亚洲第一梅"美誉。

有"亚洲第一梅"美誉的千年古杨梅树（伍华银 摄）

凭高远眺，苍山似海，而"海"中最深处是杨梅林。沿着石板路走进杨梅公园，触目所见，绿荫翳翳、丹实累累。杨梅红中微紫，甜中带酸，生津止渴，确实是果中珍品。

乌杨梅、米杨梅、白杨梅更是这里的优良品种，而且形成了全国罕见的古杨梅群落。亚大屋的古杨梅树，两人牵手都围不拢，而且硕果满枝；张家湾的古杨梅，一树双桠，同根连枝，人称"幸福树"；黄柏村二组的两株古梅，树龄逾千年，现在主干如铁，枝干如铜，冠幅遮阴半亩，堪称"杨梅之王"。

杨梅古寨为杨梅集中产地，目前，来凤县林业部门挂牌保护的古杨梅树有25株，在原有杨梅970亩的基础上，新建立了500亩杨梅科普示范种植基地，围绕古寨，已建成了30余千米的"杨梅长廊"，成为村民致富的支柱产业，传出了"一亩良田难换一棵杨梅树""不要房产要杨梅""杨梅树陪嫁为时尚"的美谈。

3.桃花岛

桃花岛位于杨梅古寨石桥村南部，距村委会约700米，原名坳坪，漫潭河在此分为两支环绕一土丘。杨梅古寨的村民在河上筑坝蓄水，形成平湖，湖中土丘遍植桃花，故名"桃花岛"。东靠胡家沟社区，南接十娘子桥，西靠留屋沟，北至下坝，桃花岛现成为杨梅古寨的重要景点，2016年至2018年，这里曾举办过三届全国河钓大赛，每届有300多支队伍1000余钓鱼爱好者参与，成为恩施州"一县一品"体育盛会。

来凤县传统村落

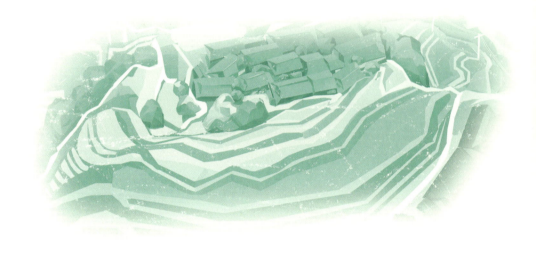

一体两翼

——鼓架山村与土家寨村

鼓架山鸟瞰（唐俊 摄）

走近

一、村落概况

土家寨村与鼓架山村原为一体，属于同一片大山，曾称鼓架乡，后改鼓架大队，再改鼓架山村。土司时期，此地为东流蛮夷长官司辖地，清改土归流后为聚伦乡孝原里，民国时期先后属明德乡、申溪乡、革旧乡，1956年属革勒车指导组鼓架乡，1958年属三胡公社鼓架大队，1975为革勒车公社鼓架大队，1984年6月一分为二，土家寨村从鼓架山村分离出来，一体两翼，比肩齐飞。

鼓架山土家寨地理位置图（黄康　绘）

· 213 ·

土家寨村位于革勒车镇东北方向，距离县城23千米，平均海拔850米，东邻杨梅古寨，以山脉岩人梁分界，南边与鼓架山村接壤，西边与长太坪村相邻，北依咸丰县忠堡镇。20世纪实行土地家庭联产承包责任制时，有27个村民小组，后经不断调整，现为15个村民小组，杨、田、胡、鲁、滕、吴等姓居多，以土家族、苗族为主，少数民族占七成以上。村委会位于四组，村委会东边一、二、三组，北边五、六、七、八、九组，西边十、十一、十二、十四、十五组，南边十三组。

　　村名的由来与本村一个小地名有关。本村有块田土名土家田，至于何时取名土家田，村里人也说不清楚。据现年82岁的老支书田安寒回忆，在他小时候就有土家田这个地名，可见其久远。据史料记载，土家族自称毕兹卡、贝锦卡等，意为土生土长的人。宋代以前，与其他少数民族一起，被统治阶级称为"武陵蛮"或"五溪蛮"。土家的称呼是在较晚时期出现的。清代《咸丰县志》将土司后裔的"支庶之家"称为"土家"，而将当地汉族移民称为"客家"。土家寨村紧邻咸丰县，这块土家田与咸丰土司是否有关，需进一步研究才能确信，但此地位于来凤县通往本省咸丰县、重庆黔江区的交通要道之上，也称盐大路，巴盐古道的组成部分，是南来北往人员交汇之地，外来移民把本地人的田地称为土家田是完全有可能的。不管怎样，土家寨村的获名与这块古老的土家田是有关系的，这块土家田比土家族认定为单一民族要早很多年，是一块承载着历史意义的土地。

　　鼓架山村与土家寨村接壤，土家寨村地处山的上半部分，鼓架山村地处山的下半部分，村组相连。鼓架山村南连三胡乡狮子村，通革勒车镇豹子沟村，西邻长太坪村，北依土家寨村，共有15个村民小组，村委会位于四组，海拔680米，旧为鼓架公社驻辖地，现鼓架山小学犹在，建于中华民国二十年（1931年），目前有教学楼1栋、专任教师3名。村委会西边一、二组，北边三组，东边五、六、七、八、十五组，南边九、十、十一、十二、十三、十四组。以姚、杨、胡、龙、雷、尹为主，土家族、苗族、汉族各民族共居村庄。

　　关于鼓架山村名由来，村民认为与本村的山川自然有关，猜测本村某座山像鼓的架子且山谷回声如鼓响。村委会所在地有三个山洞，洞容宽大，地下是空的，形如鼓架支撑着地面，这种说法村民未置可否。在本村与土家寨村、长

走近

太坪村三村交界之地，十一组有一个风景秀丽的山洞，当地人称之为龙洞。此洞处于马泥光山脚，洞通咸丰县忠堡镇，忠堡的山洪之水由此洞流出，洞口前方有一块略呈圆形的平地，古木参天，幽深清凉。平地四面山峰林立，成为与山外相对隔绝的盆地，犹如鼓面，在此盆地大声喧嚣，回声如鼓响，洞口前方的山有一穿洞，乃盆地与外连接的唯一通道，穿洞形状如放置一面大鼓的架子，穿洞中有一块大圆石，如大鼓的鼓面。由此可知，穿洞之山就是鼓架山，此为鼓架山村的由来。龙洞必有龙王焉，龙王出征必擂鼓助威，洞前圆形盆地乃龙王点兵之场，盘旋之所，待鼓声响彻山谷之时，巨龙一跃飞过鼓架山，腾上九霄。

形似鼓架的穿洞（龚志祥 摄）

两个村平均海拔 800 米以上，植被茂密，水田、旱地平分秋色。粮食作物以水稻、玉米、大豆、薯类为主；经济作物有烟叶、藤茶、生姜、白术、杜仲、黄柏、厚朴等，盛产竹木。两个村均建有村卫生室、文化活动中心和便民服务中心。

村民除了种地以保粮食自给自足，外出务工仍然是收入的主要来源。不过现在村级经济在逐步壮大,带动村民致富。鼓架山村通过招商组建石材开发有限公司开发优质石材资源。依托来凤县油茶产销专业合作社发展油茶产业。发展果蔬大棚 1000 平方米,种植姜、豌豆、藤茶、中药材。利用鼓架山村楠竹资源,建立占地约 1600 平方米的惠民竹艺加工厂,厂房面积 525 平方米。土家寨村立志建成武陵桃花源美景,春赏花,夏纳凉,秋品果,冬饮桃花露酒。在土家寨六组建成香菇大棚 2540 平方米,在五组建成小水果加工厂,年加工 10 万斤水果,村委会旁四组所在地建成农产品销售一条街,共 14 个门店。

二、文化遗产

两村文化遗产丰富,享有盛誉的有两项,一是古色古香的铁匠沟传统村寨,二是保存完好的盐大路。此外还有古桥、古墓、韩家院子、鲁家院子等,构成一个传统村落文化整体。

鼓架山村以传统民居远近闻名,以铁匠沟为代表。四面环山的铁匠沟,是一个相对独立的古寨村落,是鼓架山村九组十组的聚居地,分东、西两寨,大致呈四排布局,统称为姚家大院。聚居于此的人,98% 以上是姚氏家族(仅一户赵姓人家),他们在此已传承了 13 代。村落传统格局和整体风貌保存完好。自清乾隆年间,姚氏兄弟二人在这荒芜之地兴家立业以来,已繁衍生息达数百年之久。寨子里的人们,过着日复一日、年复一年,日出而作、日落而息的农耕生活,与山水和谐共处。远远望去,吊脚楼隐约可见,古寨老屋,仿佛深山之中的一颗明珠,令人陶醉,让人遐想。

铁匠沟传统村寨形成于清代,距今已有 300 多年的历史,村四周群山环抱,多杉木、马尾松、楠竹。村庄坐北朝南,东边黑山,南边马落池,西边张家坳,北边洗马台,海拔 640 米。这个藏于深山、坐落在沟壑半山坡上的古寨,经过几百年的沧桑变化,现存古建筑 39 栋,保存完好,古风犹存,宛如璀璨明珠镶嵌在大山深处。2011 年,鼓架山村铁匠沟院落被来凤县人民政府核定为第二批县文物保护单位。

铁匠沟南部为一片带状洼地，东西两侧坡地是主要的耕地分布区。院落被中间一南北冲沟将其一分为二，由瓦厂坪片区建筑群和大院坝片区建筑群组成。瓦厂坪在东，大院坝在西，两片区相距不足 50 米。西侧大院坝，南望对门坡，院落四周翠竹林立，绿树成荫，周边生态植被保护得较好，竹海与院落相映成景。村落的冲沟中下部有村落姚氏家族开山鼻祖开凿的古井。古井西南上方有一青石板铺就的坝子，民国时期为木榨油房，现碾坊遗址可见，故名"油房堡上"。

整个院落依山而建，错落有致，一条简易便道直通寨子中央，寨子中央是一块原大集体时期遗留下的近 500 平方米的石板院坝，它是全寨村民节庆活动的场所。大院坝片区建筑分布集中，共 30 栋，建于民国时期的建筑有 2 栋，建于新中国成立初期至 1980 年的建筑有 11 栋，该片区建筑除以北方朝向为主外，其他朝向都有，片区中部偏西的地方地势平坦，此处 6 栋建筑几乎都在同一高度和同一平面，而其他房子相互独立地选择住宅地基和朝向。瓦厂坪片区建筑共 12 栋，其中建于清和民国时期的建筑 5 栋，建于新中国成立初期至 1980 年的建筑有 2 栋。此处建筑朝向大多南向，极少南偏东向，呈台阶式分布，或二三栋建筑在同一台地，或一栋房子独立在一台地，层层叠落，分布有序。

整个村落民居建筑结构多为榫卯穿斗结构，大多为三柱四骑，主要由正屋组成，少数由正屋和吊脚楼组成。另外配以少量附属建筑。正屋的固定形式大多是面阔三间，极少数是面阔五间甚至是面阔九间，单檐悬山式屋顶，上盖小青瓦，部分正屋单侧或两侧设置吊脚楼，与正屋成直角排列，平面布局成 L 形或"凹"字形，飞檐翘角。正屋平面布局明间为堂屋，次间为卧室。堂屋是全家的公共空间，家里的重要仪式，如祭祀祖先、结婚、丧葬等都在堂屋中进行。堂屋正面墙上设有供奉祖先牌位的神龛，地坪中间嵌有比较方正的岩石，用作农历腊月间打糍粑粑槽和农闲时编制箩筐的垫石。部分民居堂屋大门为六扇门，取"六合"之意，寓"兄弟和气"。厨房设有火塘，用来烧饭、烤火。姚友明等民居的厨房很有特色，划分有柴灶的作业区和设火塘的用餐区。作业区为三合泥地坪，用餐区铺地楼板。村落内正屋阶沿或条石砌成或石块垒成，院坝多为三合泥筑成，少数为青石板铺砌。

"青山环顾叠嶂里，星点人家半山中"，鳞次栉比的木房子，依山而建。院落房前屋后，翠竹点缀，寨脚寨顶，树木婆娑，置身其中，恍若世外桃源。此寨不仅有青石砌成的石圈，还有农耕时代留存下来的石碓、石磨。村里老人说，村中尚武的起祖兄弟二人有一身打铁好手艺，传承上百年，铁匠手艺远近知名，故名铁匠沟。铁匠铺位于村中古井的右上方九组3号，现遗址尚存。这里有丰富的楠竹资源，这些楠竹为寨子里的人们提供了生活保障。村中居民多改行做了篾匠，铁匠沟的篾匠也是远近闻名，几乎家家户户从事篾匠手艺。集市上只要听说是铁匠沟的篾器，就要贵几元钱，甚至有人冒充铁匠沟的工匠，在邻近村庄集市上销售箩筐之类篾器物品，可见铁匠沟人的手艺超群。村民认为现在铁匠沟中姚有华、姚有权手艺较高。现铁匠沟走出村庄的人多以教书为生，也有外出务工的。村中多长寿之人，80岁以上老人有7位，其中有4位在90岁以上。

错落有致的铁匠沟民居（来凤县文化馆提供）

铁匠沟的建筑吸纳了土家族、苗族等民族的建筑范式，融入多元建筑文化因素，结合此地山川气候特征加以运用，形成了自己的风格。姚姓人家多是苗族后裔，长期与其他民族共处，生活中多元文化特征，文化交融异彩纷呈，各民族和睦共处。村庄文化里的婚丧嫁娶、信仰、风俗等都在家家户户的吊脚楼中不断演绎。采莲船、抛刀、哭嫁歌、三棒鼓等极具特色的民族文化在这里都能得到充分展现。铁匠沟民风民俗淳朴，生活气息鲜活，从建筑到民风民俗均保存完好，具有很高的艺术、历史和保护价值，是珍贵的历史遗存。

1. 盐大路

盐大路是此地的重要物质文化遗存。革勒车镇在来凤县古代交通史上占有重要的地位，驿道连接来凤县三胡乡、旧司镇，通往咸丰县，去往巴蜀地区，因此路在川盐出川上地位突显，故称之为盐大路，实为中央王朝经营西南的官道而已。当然，我们也可以溯源更远，上溯至古代巴国，称之为巴盐古道。《来凤县志》（清同治版）"盐引篇"载：

盐大路功德碑（龚志祥 摄）

> 府属六县，例食川盐。来凤、咸丰二县，额行四川彭水、秀山二县厂灶白盐，来凤、咸丰二县之盐由雇夫背运。

革勒车镇在清改土归流建县之后，从县城出发经境内的官道有两条，一条经滴水关去往咸丰县忠堡，然后入川，另一条经土老坪进入咸丰县境入川，此条官路被称为罗二箐路，《来凤县志》（清乾隆版）有记载，且比经老鸦关到忠堡至咸丰城近二十里路程。罗二箐路修建于清康乾盛世，正史可查，经本村至滴水关的古道修建于何时，尚未发现有史料明确记载，但田野资料可以证明此路也是在修建罗二箐路的前后时间建成的，成为通老鸦关官道的战备候选路线，也是沟通罗二箐路与老鸦关官道的连接线。

经土家寨村瓦场河旁的一段巴盐古道保存完好，路旁有一古石碑，清乾隆二十九年（1764年）立，石碑高1米，宽0.6米。碑文记载了当时当地村民捐资修路的明细，也记载了滴水关至三胡漫潭的路程。但石碑没有说明是初修还是重修，仍需要进一步考证。古盐道的滴水关，有个土地庙，后被毁灭，现在只有两个石头。

土家寨村人文环境好，自然风光秀丽，民风淳朴，传统文化底蕴深厚。古盐道历经风雨，承载太多人文历史故事。

地处盐道附近的土家田旁边土家寨村十组曾有个韩家院子，兴旺发达，后因参与白莲教起事反清受牵连，村庄至今还讲述韩龙韩虎两兄弟的故事。韩龙韩虎确有其人，《来凤县志》（清同治版）有记载，他们于乾隆年间在来凤传教，后被官府缉获，械赴襄阳正法。此地当年也是白莲教与清政府反复争夺的战略要地，现土家寨村五组白庙湾还留下一个万人坑。

据土家寨村委会统计，本村约70栋木制传统民居。古盐道两旁古院落还有鲁家院子、田家寨子保存基本完整，田、鲁二姓为亲戚，家谱记载两姓从湖南永顺府坡脚坪迁入来凤境，先迁入绿水茅坝安家立足，住茅坝锁泥湖，后顺着古道迁入鼓架山，现于土家寨村落户，两姓在土家寨已经历11代。土地堡有田姓祖坟田公正邦老人之墓存在，碑文显示田公茅坝生长，73岁终。据田姓长者口述，田姓来此第一代为田龙，第二代田自珍与先来此地的彭文、向顺结拜为兄弟，从此和睦相处，亲如一家。瓦场河右岸山边的鲁家院子，共4栋古老的木房，其中2栋吊脚楼，依山傍水，视野开阔。目前正翻修保护，计划建成乡村旅游农家乐。

2. 鲁家桥

盐道上有多座古石桥。鲁家桥保存较好，建于清咸丰三年（1853年），位于土家寨村五组土地堡，也叫田家寨。土地堡过去为彭、向人家长期居住，以彭姓为主，现土地堡有田、鲁二姓居住。《来凤县志》（1990版）把此桥命名为鲁家桥应该与现居住鲁家有关。其实古桥当时的真实名字是福安桥，南北走向，原来是简易木桥，后村中人集资改建成石桥。桥头有清咸丰三年（1853年）九月立的碑，碑文记载系田、彭、鲁、向、陈、胡、杨等姓氏捐资修建。观音湾的溪水缓缓从福安桥下淌过，桥头原来有个榨油坊，现已无迹可寻。桥面宽1.6米，拱上部分长2.5米，水面至桥拱约1.8米高，桥面两边有石砌扶栏，宽30厘米，供过往行人休息。

鲁家桥（龚志祥 摄）

鼓架山村四组有个凉亭桥遗址，又名风雨桥，位于高洞坪河，通革勒车镇古道，现只有桥墩立于河中央，河边有残砖碎瓦存在。村民回忆，此桥壮观气派，木制桥面，青瓦重檐，两旁有扶栏。桥旁有榨油坊，水碾位于桥的上游。

三、自然遗产

鼓架山村与土家寨村拥有一条共同的河流，名泌水河。土家寨村处于上游，鼓架山村处于下游。河谷风光秀丽，流水清澈见底，两岸原始次森林覆盖，多奇花异草，野生中药材长于其间。河流岸线自然曲折，巧夺天工，汇集两岸山泉水，上下落差大，形成多处瀑布景观和河岸美景。现已修通河流上游沿岸绿道，可供村民和游客亲水徒步。

泌水河因人类生产生活影响，被村民赋以不同意义。河流上游有一段河水名为瓦场河，因此地历史上有个瓦场，此处土壤属于上等陶土。瓦场河上有座古石桥，连接河流两岸古道，此石桥虽然为人工建造，但接近天然状态，桥柱、桥面均是天然的大石块垒砌而成，少人工砍削痕迹。承接瓦场河的一段河流为碾子河，因为此段河流有水碾存在，建有碾坊和油榨坊。而泌水河下游鼓架山村四组境内河段改称为高洞坪河。

1. 古树

两村多古寨院落，相伴必有古树，虽经数次人为破坏，但仍有古树幸存。古树以古杨梅树居多，来凤县林业部门挂牌保护的有数十棵，与三胡乡杨梅古寨一岭之隔，比肩齐名。铁匠沟古寨有两棵古杨梅树，位于东寨后山，县林业部门登记在册。土家寨村一组的古桂花树，树围5米。

古树中名气最大的当属土家寨村十三组的古枫香树，树围5米，高约60米。此古树与苗族枫香树蝴蝶妈妈的传说有关，绕树而居的张家、滕家均系苗族后裔。据村民讲述，此枫香树十分神奇，冬天不落叶，初春落叶。更神奇的是村庄不少人改姓枫，成为枫香树的子孙。村里村外人士，若有身体欠佳的、久病不愈的，都可以拜祭古枫香树，

古枫香树（唐俊 摄）

然后改姓枫就可以。当然这只是村民的美好心愿与寄托。

2. 溶洞

两村地形趋同，岩溶地貌，多山洞，其中当属与鼓架山村名由来关联的龙洞最为有名，规模最大，洞中景色最美。

泌水河左岸有个硝洞，洞深 800 米，村民过去曾在此洞熬硝。泌水河右岸百步梯电站附近有个洞，村民叫它土匪洞，洞口有厚重的石门石墙，石头工艺精湛，石墙上有射击孔和观察哨位，墙后还有内墙作为第二道防线，延长防御纵深，洞内空旷，可供百人躲藏居住，此洞位于山腰部，山顶有隐秘出口。

石洞洞口（龚志祥　摄）

鼓架山村十一组有洞名为猫猫洞，位于泌水河下游右岸，也是土匪洞，洞门口奇险，防御工事与泌水河右岸土匪洞一样，只是多一个射击炮台，可惜工事在 2018 年被人破坏。20 世纪 50 年代初，在三胡乡六房沟被击毙的土匪头子向云峰曾在此洞躲藏。所谓的土匪洞有双重意义：一是村民储粮之所，乱事之秋躲避土匪的地方；二是 1949 年新中国成立之初，开展清匪反霸行动，一些反动分子用石洞来藏身，企图以此顽抗到底。

本次调查发现，泌水河右岸的土匪洞人类活动痕迹比较久远，洞内堆积层较厚，且叠加明显，有待考古学家进一步探测。

遗 珍

/Yizhen/

老虎洞村

——洞峡和古渠

老虎洞村位于来凤县城西郊，是来凤县城的后花园。据《来凤县志》（清乾隆版）载，该村的老虎洞河，也称蓝河，曾是来凤十六景的第四景，风景绝美，两山夹峙，以幽深清凉著称，冠名伏虎嘶风。《来凤县志》（清乾隆版）中有诗云：

扃深古洞自何年？昂负呼号气竦然。

玄豹疑同涤雾隐，明犀无用着灯燃。

焚轮骇翻探喉吼，嘘气游尘信口悬。

勿谓使君封姓氏，逍遥吹万乐尧天。

此诗乃老虎洞河峡谷风景的真实写意，现已成为来凤县城居民夏季避暑的胜地，居民休闲徒步的首选地。老虎洞旧名伏虎洞，老虎洞河右岸的山名为枋子岩，枋子岩下方是暗河，老虎洞河左岸的山为将军岩，陡峭挺拔。

关于老虎洞的位置有两种说法：一种说法为老虎洞（穿洞）因修电站被毁，现残留有形似虎头的山堡一个，穿过老虎洞就是老虎洞庙，又叫文潭庙，后被毁，老虎洞老电站就位于庙址的正前方；另一种说法为枋子岩下方就是老虎洞，《来凤县志》（清同治版）关于虎耳山和灵官庙的记载可以佐证，虎耳山位于"县西一里，伏虎洞对岸。高十余丈，通黔蜀大道"。现立有一碑于遗址处，书"灵官庙"三字。灵官庙"在城西虎耳山。同治元年，毁于贼"。灵官庙也叫虎耳山寺，《来凤县志》（清同治版）录有邑拔贡张书绅《题虎耳山寺》诗一首为证：

笑煞兰台老一经，误将妖物作神灵；

全无膏雨流乡里，独有腥风荡野亭；

暮色蓬莱千嶂碧，秋光沧海一灯青；

安心好傍医王法，莫使苍天怒激霆。

老虎洞老电站（李正飞　摄）

土家人崇拜白虎，以勇锐著称，敢于且善于近身搏击。其虎图腾源自巴人，相传与武王伐纣借巴师有关，《华阳国志·巴志》载：巴师勇锐，歌舞以凌殷人，殷人前徒（一作徙）倒戈。此河峡谷地段常有老虎出没，河水穿山越谷，奔腾咆哮而入酉水，孕育了龙凤盆地，此乃神似虎风，故名老虎洞河。为清除水患，利国利民，早在清乾隆七年（1742年），在知县张冲的倡导下，修渠引水，灌田1500亩，人称张公堰。至1941年后，原渠淤积阻塞，只能灌田500亩。民国时期县政府曾拟整修，因经费无着落而告吹。

新中国成立初期，县委和政府重修老虎洞渠道。1955年，县长张来义会同有关人员多次进峡踏勘，在水利部门的支持下，当年动工，经两个阶段突击，于1957年4月竣工，共完成高6米的引水重力坝一座，架设跨河渡槽2座，在悬崖上劈山开渠564米，挖土渠7500米，使土堡、活水两乡部分稻田得到自流灌溉。为使老虎洞渠道发挥更大作用，县水电部门于1969年、1971年、1985

年对其进行了三次改造,将引水坝加高加固,渠道加深,木渡槽改为钢筋混凝土,使之成为可灌溉 7000 亩稻田的骨干工程。同时,在位于城西 1 千米处的虎耳山下建立老虎洞电站,系利用老虎洞渠道渠水发电。老虎洞电站是来凤县及恩施州的第一座水电站,工程于 1956 年 1 月开工,1958 年 3 月发电,装机 160 千瓦,1963 年机组扩容为 200 千瓦,1979 年并入县电网。

老虎洞渠堰(李正飞 摄)

旗鼓寨村
——白莲教战场遗址

旗鼓寨村位于来凤县城之南，离城约七千米。

清嘉庆元年（1796年），鄂湘川陕边区爆发白莲教起义，二月，巴东、长阳白莲教起事，当月十五日，白莲教教徒向文进等起于夹牛洞响应。后清军压境进行镇压，县域内白莲教军队皆被清剿，唯以旗鼓寨为中心的起义军余部继续对抗清政府。史载，在清军的大力围剿下，宣恩、咸丰、龙山、桑植四县白莲教教徒数万，先后俱归旗鼓寨，分为九寨，以谢家营为后寨，重整旗鼓。白莲教军队在旗鼓寨坚持斗争达四月之久，从四月汇集一直坚持到七月寨破，后川楚大军云集，合攻旗鼓寨，最后以火攻之，得以破寨。

谢家营又名营盘寨，现属旗鼓寨村。白莲教军队勇猛异常，筑木城顽强抵抗，多次打退清军进攻，歼敌极多，后因寡不敌众，营寨被破，白莲教教徒集中葬于谢家营，后人称之"万人坑"或"万人坟"。

白羊坡村
——来凤飞机场

白羊坡村隶属于翔凤镇，地接来凤县城东北端，与酉水河相依。《来凤县志》（清同治版）记载，"相传汉时有白羊数群，忽隐忽现，故名"。在武陵山区叫白羊坡的山村有好几个，但最为有名的是来凤县的白羊坡村，因为该村有来凤机场，机场东靠白羊坡，东南接车家坨，西南抵翔凤山，西北邻金盆山。

来凤机场始建于1935年，国民党驻军征集数千民工修建机场，是年冬，完成机场路面工程，机场跑道长800米，宽50米，可供小型飞机降落。

来凤机场（李茂林 摄）

对于当年修建机场的原因有两种说法：一说是为围剿湘鄂川黔边区日益壮大的红军，二说是为抗日战争做准备。但随后对机场的扩建确实是为了抗击日本侵略者，飞机远程轰炸上海、南京、苏州、杭州等地的日军军事设施，来凤机场成为重要的支撑点，大大提高了飞机的续航能力。

《来凤县志》（清乾隆版）载，来凤"东邻南楚，西抵巴蜀，川湖肘腋，滇黔咽喉"，可见其地理之特殊，西进重庆入川的战略要道，乃兵家必争之地。抗日战争时期，国民政府西迁重庆，来凤县成为抗战大后方的战略要地和重要的物资集散地之一，湖北省政府西迁恩施，来凤县成为拱卫恩施的南翼，加之有战备机场在此，来凤成为日军飞机轰炸的重要地点，遭到日军飞机多批次轰炸。据《来凤县志》（1866—1985）记载，抗日战争期间，1939—1941年的三年时间，日本侵略军先后出动飞机126架次，9次轰炸来凤，炸死39人，伤74人，炸毁房屋694栋3399间，财产损失折款一亿三千六百多万元，直接受害者3600多人。调查人邓保初作《凭吊日机轰炸后之来凤县城文》云："浩浩乎！一片荒城，觅不见人……家家点冥灯，户户哭亲人。"此文真切地记载了日本侵略者对来凤人民犯下的滔天罪行。

1949年，来凤县获得解放，中国人民解放军接管了机场，机场回到了人民手中。1957年3月，来凤县人民委员会与武汉军区空军司令部签订"关于利用机场空地进行耕作的协定"，在机场周边建设县园艺场和县良种场，只保留了新、旧两条跑道，成为一个备用机场，以供中小型飞机起降。20世纪七八十年代用此机场起降播种机，飞播造林，来凤机场也成了城乡居民平时休闲的好去处，还可作为来凤县重大集会的场所。

小坳村

——白莲教起义遗址

小坳村隶属于绿水镇，位于来凤县西南部的五台高地上，四面悬崖，南北有大道相通，东西有攀山险道可以进出。村北邻本镇大堰塘村，南交本镇大坪村及百福司镇地界，东接漫水乡，西靠大河镇、旧司镇。小坳村位于来凤县中间偏南，又在来凤县山地主脉上，因地理险要，旧时是县内各乡镇往来的交通要隘。

全村有9个较集中的院落，其中分布比较集中且规模较大的有小坳、芭蕉坪、三房沟等院落。

小坳村自古扼来凤县各方往来咽喉。从清代到民国，此处一直是各方势力角逐之处。清代后期白莲教长期占据五台，以小坳村为川东（现渝东）、鄂西南、湘西总坛，发展教众，演练队伍，势大时总坛下属教众有数万人之多。嘉庆年间，小坳村的白莲教起义，汇集各地教众万余人前去攻打来凤、龙山县城，攻取来凤县城，阻于龙山县城。清政府派四川总督孙士毅前来剿杀，被教众斩杀于来凤县城东部的白羊坡。后清政府派川、湘、鄂多省军力进行血腥合围绞杀，才将此地白莲教镇压。

周家湾村
——烈士纪念碑

周家湾村地处绿水镇东北，酉水上游河谷南部，贵帽山西麓，距来凤县 17 千米。东与湖南省龙山县白羊村隔酉水河龙嘴峡相望，东南与本镇田家寨村隔马拉河（老峡河）相接，西南与本镇香沟村、老鹰岩村接壤，北接本县翔凤镇。周家湾村为凤头姜的主产地之一。

村东的茅坝自晚清以来，一直是来凤县的一处闹市。国民党军队曾驻扎于此，以"剿匪"为名，整肃地方秩序。该部队"剿匪"时，虽然清剿了大批真匪，但其逢山烧山，遇寨关寨，并借机残酷镇压各族群众，宁可错杀一千也不放过一人，使无数无辜百姓死于非命。

茅坝西侧有一孤山凸起，高于四周，上面曾经建有庙，名高庙，现已毁损。因孤山上可望茅坝周围动静，曾长期设有防御工事。新中国成立后，曾在孤山上设有哨所以剿匪，与附近各路土匪进行过激烈的战斗。现山上建有高庙革命烈士陵园，园内有茅坝保卫战中英勇牺牲的杨桂英、李泽散等九名烈士墓，其中一田姓烈士只知其姓氏，还有六个为无名烈士纪念碑。山顶有一主碑，通高 3 米，刻烈士事迹于其上。

村中地势平坦，土壤肥沃，是来凤特产"凤头姜"的主产区之一。龙嘴峡地势险要，水流湍急，风光秀丽，有尚待开发的优质旅游资源。峡谷下游的落水洞电站已开始蓄水，龙嘴峡变成了高峡平湖，游人往来便利。

高庙革命烈士纪念碑群（滕树勇 摄）

新拱桥村
——古寨遗存

新拱桥村位于来凤县漫水乡，是乡政府所在地，跨酉水两岸。东、西、南分别与本乡枣木垭村、枫木村、苏家坪村、桶子村相邻。境内无高山，水、田、林相益，渔、耕、猎并行，是武陵山区比较少见的鱼米之乡。这一带也是五百年漫水土司的粮仓。历史上的新拱桥村与苏家坪、桶子村一样，多次被大水漫溢，"漫水"因此得名。

村内酉水岸边原有一庙，名把守庙。相传有一四川的先生从酉阳过来，见此处地形奇特，藏风纳气，便筹款建成庙宇，供奉观音大士。1945年，拆庙兴学，现庙宇只剩残迹。

村中房屋高低错落分布，石头房、木质房交叠。村庄传统建筑主要位于村西托塔湖一带，现有传统木质房屋五十多栋。漫水、卯洞一带的人尚武，各个寨子的形制都有很强的防御功能，且各依地利，各具机巧。

托塔湖建在一处背北向南的山坡上，一个苗族院落，全部为贵州迁移而来的张姓后人。全寨为工整的长方形，前、左、右为条石垒成的高墙，后为山墙。墙体设计有多处哨孔箭垛，至今保存完好。院落建有宏伟整齐的方形院墙，院内原有四座大木屋围成的天井，现在其中两座依稀可见，但已摇摇欲坠。右侧的寨墙和天井一直没有完工，应该是物力不足的原因。寨后有三个碉堡，可固守，也可从里面的暗道撤退。周围还有密密麻麻的牛王刺，寨墙全部包裹在坚韧锐利的牛王刺中。山匪曾多次攻打托塔湖寨子，但久攻而不能入。

寨子有三个门，即大朝门和两个耳朝门。大朝门在正中，由两面石墙围成的"八"字照壁，前有十几步宽大整齐的大石梯，照壁上刻有诗词，右边是"山市后山城，微雨初晴，晚来风气扑天青，疑似烟尘又重，比雾还轻"。左边是"清

托塔湖古寨（唐俊　摄）

风花草香，游赏过池塘，踏花归去马蹄忙，邀嘉客醉壶觞，一曲满庭芳"。诗词没有落款，不知雕刻的时间和留词人。据张姓后人说，此处清末曾出过两个带顶子的老爷，有自由棍，不受一般戒律约束。其中一个是张道南，为来凤县有名的乡绅，长期在托塔湖兴办私学。

寨前曾有一棵六人合抱的岩子树，半边开红花，半边开白花，十分壮丽。令人惋惜的是，十几年前这棵巨树被砍掉了。

兴隆坳村
——落衣湾院落

兴隆坳村地处来凤县漫水乡东北方。东与渔塘村毗邻，南与枫木村交界，西与绿水镇五台拦马山村相连，北与绿水镇康家沟村接壤，距漫水乡4千米。2014年，村中的落衣湾入列第三批中国传统村落名录。

靠五台的山顶名为抗旨顶，曾经是白莲教在川湘鄂边区的总堂所在地。村北桃子坪溶洞群有大小溶洞数十个，洞洞相连，水洞里有瀑布、暗河，干洞里有古灶台、战壕。山中古枞树林、古梨树林风景如画。

落衣湾的传统建筑集中在一山湾里的半坡上，四周群山环抱，沟壑纵横，东望酉水河，北、东与黑山、青龙山相对。

村落的中心是一口古井，共分三池，上为饮用水池，中为洗菜水池，下为洗衣、洗农具水池。目前上两池保存完好，古井仍然终年泉水不断，但村落改造时，古井被水泥路面、墙体包围，原貌改变较大。

整个村落有19栋木质结构房屋，其中建于民国时期的建筑现存2栋，建于新中国成立初期至1980年的建筑有10栋。房屋依山而建，层层叠叠，错落有致，相传田、向二姓来此处时，山湾里落下一件宝衣，此处故名"落衣湾"。田、向二姓先祖在山湾中部的偏北的位置开凿水井，在水井的东西两侧建房安居。两百多年来，寨中人口虽有增加，以水井为基准的中轴线始终没有改变。现在水井东西两侧仍保存着清代时期的青石保坎。古井西北大片楠木林，其中一株古楠树龄已过百年，需两人合抱。

村落中的民居多为正屋，仅存的一栋吊脚楼由正屋和吊脚楼组成，另外配以少量附属建筑。正屋的固定形式大多是面阔三间，单檐悬山式屋顶，上盖小青瓦，仅存的正屋单侧设置吊脚楼，与正屋成直角排列，平面布局呈L形，飞檐翘角。正屋平面布局明间为堂屋，次间为卧室。堂屋是全家共有空间，家里的重要仪式，如祭祀祖宗、结婚、丧葬等都在堂屋中进行，堂屋正面墙上设有供奉祖先牌位的神龛。村落内厨房大多设有火塘，用来烧饭。正屋阶沿为条石砌成，院坝为青石板铺就。寨内随处可见块石垒成的保坎。民居结构为榫卯穿斗结构，大多为三柱四骑。

观音坪村

——古镇

观音坪村隶属于来凤县百福司镇，是镇政府所在地（与观音坪社区交错）。该村跨酉水河和其支流怯道河，前望雨灵山、和尚堡，是武陵山脉深处一个典型的水村。村中酉水东岸、龙王滩之上有一高崖，一座年代久远的庙观立于崖嘴。庙中供奉的是观音菩萨，因此叫观音阁。村名也因此而来。2019年，观音坪村入列第五批中国传统村落名录。

古镇的上、中、下街和三十六步街、卯洞老码头，现划归桂林书院社区，周围的小河、大岩屋、老潭湾、纳吉滩、瓦厂坝等处，则划归观音坪村。因通湘达川、扼水路咽喉，千百年来，土家族、苗族、汉族各族在这里相互交融，共同演绎着这个村落的兴盛和变革。

自明清至20世纪80年代，观音坪一直延续着水码头的繁荣，是来凤县、龙山县、宣恩县南部及重庆酉阳县北部出山的必经之处。卯洞老码头常年停靠着木船、驳船或木排。村落形成于明末清初时期，先后称为百户司、卯洞巡检司、卯洞公社、百福司等，是素有"万担桐油下洞庭"之称的"油码头"。沿老码头拾级而上便是老街道，因街道台阶由大青石板建成，共有36级，所以称之为"三十六步街"。

村中现有古道一条、古井两口、老码头一处、红军标语墙一处、古铁锁桥一处。米豆腐和油茶汤是村里的传统美食。

观音坪村是土家族、苗族的集聚地，民族传统文化传承不断。有多处西兰卡普作坊。村中酉水河上的老潭湾每年端午节都会赛龙舟。酉水广场一年四季摆手舞不断，逢"舍巴日"必会燃起火堆，行祭拜，跳摆手舞。

冉家村

——摆手堂遗址

冉家村隶属于百福司镇，位于酉水河东岸的鸡公岭上，北靠舍米湖，南邻捏车坪，东与湖南龙山县桂塘镇相交，南隔酉水河与重庆市酉阳县五福镇相望。站在村口的冉家坡，湖南名山八面山、乌龙山、腰带山就高耸在眼前。酉水在湖北境内的最后一条支流捏车河从村南的山脚流入金龙滩。2019年冉家村入列第五批中国传统村落名录。

冉家村下辖六个村民小组，多为土家族，姓氏以田姓、彭姓为主。一、二组为田姓，四组为彭姓，其他组姓氏多样，尤以三组姓氏最为庞杂，有11个姓氏之多。三组名染房，地处古驿道要冲，是南来北往商旅汇集之地、经商营利之所，以移民为多，故姓氏繁多，印染是旧时营利的主要行当，该地因此获名。村中人称居住染房这里从事印染的人家为染家，时间一久，变音为"冉家"，该村因此获名。村委会所在地一组为本村制高点，紧邻通湘连渝驿道，背靠舍米湖村，可观察湖南龙山、来凤兴安、重庆酉阳方向动向，地名为塘坊坪，过去曾是军事哨所之地。土司时期，此地众土司争夺之地，战略要冲，也许酉阳冉姓土司在某一时间段在此驻扎守关，村东鸡公岭上，有一山堡名望乡台，也许是土兵望乡之处。后撤关走人，冉姓土兵移防他处。现本村无冉姓人家。

村里现存一处摆手堂遗址，位于四组彭氏土家族集中居住的地方。遗址海拔670米，大致坐西北朝东南，以山形地势修建。摆手堂前为连接湘鄂渝的古驿道，摆手堂与古驿道之间为一院坝，约500平方米，为土家人节日跳摆手舞的场地。院坝紧邻驿道一方的南院墙尚存墙基，朝门的痕迹可寻，可见门廊石柱，院坝东西两侧的院墙在20世纪80年代倒塌，埋没在荒草丛中。

摆手堂遗址现保存较完整的就是供奉彭公爵主、向大官人和田好汉的神堂，位于跳摆手舞院坝的北侧。神堂正屋共三间，木制屋顶已腐烂，主体为全石结构，长12米，宽6米，经一石制大门可进入神堂内，石制大门由两侧一对石鼓护卫，神堂内石制神龛还在。神堂正屋东侧院墙有一耳门通向神堂后方彭家院子，名上寨坪，村民习惯称庙边，现已平整为耕地，彭姓土家人已在神堂的左前方山腰部建寨安家。冉家村摆手堂遗址的建筑风格和空间布局与舍米湖村摆手堂制式相同，但冉家村摆手堂遗址为全石建筑，均是经石匠打磨的大小等同的方块青石和条石砌成，工艺更精湛。为了减轻墙体重量，降低墙基负荷太重会导致石头粉碎的风险，匠人巧用条石和块石，砌成空心夹墙，外观显厚重，给人以庄严感，从外观无法感知墙体是空心。村民讲述，摆手堂屋顶在20世纪70年代末就已消失，整个神堂经风雨洗礼，现仍屹立不倒，足以见其建筑水平和建筑质量之高。

猴栗堡村
——老司城遗址

猴栗堡村隶属于三胡乡，来凤县自元以来实行土司治理，至乾隆元年（1736年）改土归流建县止，长达数百年，沉淀了深厚的土司文化。文献方面要数康熙五十八年（1719年）编纂的《卯洞司志》为最全面，地面遗存方面目前仅剩散毛土司遗址小有规模。散毛土司管辖之地大致为今天的翔凤镇、绿水镇、三胡乡范围，鼎盛时期所辖之地远涉咸丰、利川沙溪等地。施南府同知商盘《蛮刀歌》曰"沙渠土司悍且豪，大为容美小散毛"，可印证散毛土司的实力。民间有说散毛土司与利川覃姓土司有关联，暂无文献可考，但民间有说官坟山的古墓主人为利川牟姓人家，因为守墓人为利川牟姓，不知真假，有待进一步确认。官坟山的古墓位于官坟山村十一组覃家堡，《来凤县志》（清同治版）记载此墓为"蓬莱墓"，相传为明代镇远将军、散毛司宣抚使覃玉鉴之墓。由此可以肯定为散毛土司司主之墓，村民讲述墓中有三进，有三个墓井，共三口棺木，居中为大，红色油漆。石头上的雕刻花草已经模糊，说明年代久远，成了无字之墓。墓在20世纪遭遇多次人为破坏，大集体时被彻底毁损，墓岩被生产队用来镶嵌一整块岩院坝用以晾晒谷物。农村实行土地承包责任制时，岩院坝分拆给每家每户，村民用来修建屋舍等。

散毛土司位居来凤县有史记载的七个土司之首，土司治所位于猴栗堡村十四组和十五组，距离来凤火车站约1千米，名老司城，老司城得名应该是对应改土归流后新建县城来说的。据乾隆版和同治版《来凤县志》记载，来凤诸土司自唐宋以来就分疆守土，历元而明。清朝时，散毛土司曾领兵随军征讨吴三桂叛乱，获赐镇远将军印，领沙溪、六洞等处。乾隆元年（1736年）改设，司主覃煊率属归诚，缴宣抚司印，世袭千总，拨给汉阳、孝感田房安插。老司城的规模无系统的文献记载，无法知其全貌，"散毛司畔多村舍，柳稊乍生梅欲谢"。这是施南府同知商盘《蛮村秋千曲》中的生动描写。

散毛土司遗址及文物（黄康　摄）

老司城改土归流后就废弃不用了，土司上层远迁汉阳、孝感，土司城遭多次毁损，现只有少许遗迹可寻。整个土司城范围约3平方千米，分内外两府，老虎洞河略呈半圆绕老司城右前方流过，一路奔腾至老虎洞地峡，出峡谷后汇入酉水。散毛司的衙署，背依旧司和三胡两个方向的大山，土司城左边位于十二组的营盘梁为一山顶平地，可驻军防守，易守难攻，为土司城防御的战略支撑，整个土司城隔老虎洞河俯视县城方向，进可攻退可守。遗址处现有部分条石和块石，多数基石在人民公社时期修建集体房屋时被征用，土地承包下户后村民建房又取走一部分。土司城的水井位置还有痕迹可寻，土司城通往官坟山方向的凉亭桥已被毁，位于衙门之西的散毛宣慰使司覃鸿基墓已无迹可寻。

阳河村
——忠堡大捷主战场遗址

三胡乡的阳河村与咸丰县的忠堡镇相邻,无论是古代交通还是现代交通,阳河村都处于战略要地位置,乃兵家必争之地,地处该村的老鸦关就是古道上的一个重要关口。由红二军团、红六军团组建的红二方面军在此地与国民党军一战而名垂青史,这一战役称为"忠堡大捷"。而地处该村老鸦关附近的古道一线才是忠堡大捷的主战场。从三胡乡三堡岭至老鸦关的古道是通往宣恩县、咸丰县的一条重要古道,这一段古道两山夹峙,狭长的槽形地,竹木茂盛,两山多刺竹生长,非常适合打伏击战。因老鸦关刺竹槽是"忠堡大捷"的主要战场之一,在歼敌四十一师和反"围剿"胜利中起到了决定性作用。为缅怀先烈,昭示来者,来凤县人民政府和来凤县老区建设促进会于2008年5月立碑纪念,现石碑位于阳河村老鸦关。

胡家沟社区
——红军阻击战战场遗址

胡家沟社区是三胡乡政府驻辖地,现为来凤至咸丰公路的一个重要区域,过去是来凤通往咸丰、重庆的必经之地。著名的红六军团胡家沟阻击战就发生在这里。为纪念此次战役,来凤县老区建设促进会、三胡乡人民政府、来凤县民政局于2008年5月在胡家沟社区显著位置立碑,以缅怀先烈,昭示后人,继承革命传统,不忘初心,牢记使命。

在这次战斗中,红军四十九团政委段培钦、参谋长马赤、二营营长刘建举不幸壮烈牺牲,五十一团团长周球保负伤。

长太坪村

——草把龙

长太坪村是革勒车镇的一个高山村，平均海拔在 830 米以上。因该村地理位置相对偏远，传统文化也得以完整传承，民风习俗保持较好，至今仍然传承抚育村庄后人。该村的传统习俗"草把龙"远近闻名。玩"草把龙"是农耕文化的一种习俗，武陵山区不少地方还保留至今，富有浓郁的乡土气息和鲜明的地域色彩，但各地的草把龙制作与玩法略有差异。相邻的宣恩县沙道镇"草把龙"曾入围第四批湖北省非物质文化遗产名录，此地草把龙用稻草扎制，青蔓缠身，尤喜用水菖蒲草制作龙头，具有"青龙"特色。而长太坪村的草把龙单纯用稻草和竹篾扎成，以竹篾为龙骨，以稻草为龙衣，没有其他装饰，具有"黄龙"特色。村里男性几乎人人会扎草把龙，张顺才的扎草把龙手艺最为精湛。

长太坪村的草把龙一般扎九节，加一个宝，10 人一起舞龙，也有七节、十一节、十三节、十五节等多种规格，扎龙时扎单不扎双，因为加了龙宝就为双了。龙头和宝比较重，舞龙中途需要换人，所以需要准备替换的人随时换班。一个龙队一般为 12 人，村里现在玩草把龙的多为青壮年，也有老人和小孩参与，传承队伍整齐，后继有人。

草把龙一般在农历春节期间玩，正月初九要出灯，正月十五元宵节要送灯，因此也叫玩灯。正月初九，舞龙队集中在村后山的太阳寺庙，按旧时习俗，给龙开光，挂红布，请龙神菩萨，然后从庙里开始玩，到各家各户堂屋玩，圈香火，敬龙神，保一方平安。玩灯时，有锣鼓合奏，四声一节奏，意思是天下太平、国泰民安。随着锣鼓声起，首先是用龙宝牵引龙出洞，然后就是"龙展翅""龙飞翔""腾云驾雾""龙抢宝""龙脱壳""龙盘旋"等，最后是将龙盘成饼状结束龙舞。每到一户，户主会用五谷茶叶、香纸蜡烛等回敬龙队，偶尔也会回敬香烟。灯每到一家，门口会放一盆水，灯走时，玩灯人会把水倒掉，意思是送龙归海。

堰塘村
——古寨古道

堰塘村位于革勒车镇北部，距离革勒车镇20千米，平均海拔700米。该村五组有个地方名叫堰塘坪，此坪较大，为四周高中间低的小盆地，略呈圆形，水过多时就会在短时间内淹没成塘。堰塘坪与六、七组分界处有一山坳名为堰塘坳，故本村名堰塘村。其实真正的堰应该在邻近的天上坪村，在天上坪村四组通咸丰土落坪村的古道旁有一条古堰沟，古堰沟从龙家垭口经罗庄至堰塘坳，灌溉这一带的农田，同时也方便过往客商和骡马饮水，此堰沟止于堰塘坳附近，当时的修渠技术和科技力量无法突破此坳的地理阻挡而流入堰塘村。因此，堰塘村其实只有塘而无堰。

该村的古老可与经过该村的盐大路齐名。经过堰塘村的盐大路属于那个时代交通网络的主干道，也叫官道，西端经过咸丰县的土落坪、十字路连接重庆和四川，东端经过来凤县城连接湖南永顺府和常德。盐大路在堰塘村是一个比较重要的节点，本村老人经常说下来凤下常德或上咸丰上四川。真实的地形地貌也确实如此。从该村往西需要翻山爬坡，往东是两座大山之间的槽型地，比较平坦，然后下山到达革勒车镇。

该村的六、七组就位于盐大路的两旁，统称张家院子，六组为老院子，最为古老的老屋地基还在，老屋在改革开放后建了新房，老屋已经消失，一并消失的还有三个吊脚楼群，以及左边的私塾学堂。后张家人丁兴旺，在盐大路右侧建立新院子，新院子就是现在的七组，是目前保存比较完整的古老寨子，约20栋房屋，多一明两暗，木房青瓦，坐西向东，错落有致。

整个张家院子坐落在槽型地西端与上咸丰翻山的起点，扼交通要冲，现村委会所在地被当地村民称为落日溪，也有叫罗溪或罗二溪的，其实此地并无溪水、溪沟。据现年84岁的村中长者张福禄回忆，他的长辈们说，张家院子右边大山的山腰部曾有一座庙宇，叫庙坨，庙为飞山庙。后不知何故，庙就迁到盐大路旁边了，也许是为了满足过往客商、路人的需要。修庙开庙基时从地里挖出两面铜锣，此地就名锣二基，就是有两面铜锣的地基，时间一久，就演变成了罗溪、罗二溪，最后诗化成"落日溪"了。现飞山庙仍然位于盐大路旁，守护大路平安，因只剩下一个岩屋，岩屋有一块古老石碑，依稀可见"永镇一方"四个字，因此当地人称此庙为岩庙，已不知飞山庙了。据张家古墓碑文记载，此地张姓人家是从贵州迁移过来的苗族人，来此地已300多年。因此，早期庙坨的飞山庙也许是张氏家族所建，有家庙性质，后庙址迁往古道旁边，保一方平安所需，演变成公庙。张福禄老人回忆，在他8岁左右时，他见过那两面铜锣，再后来就消失了。

岩板村
——手工豆腐

岩板村紧邻革勒车镇二龙山社区，属于新区的一部分。跨新峡河连接该村七组与八组的风雨桥是革勒车镇的一张名片，风雨桥老桥已经毁损，现重建的新桥位于老桥桥址下游20米处，新桥非常壮观，为全木结构。岩板村除了风雨桥，还有一组尖坡的刘家院子的老房子、古井。其中一组12号的神龛里木制家先远近有名，系一组古老木匾，清宣统二年（1910年）八月立，神龛两旁各有一门通堂屋后面的暗屋拖铺，左侧门上方有"吉且安"三字，右侧门上方有"寿而康"三字。一组8号的房屋最为古老，其历史在200年以上，现保存完好，窗花图案雕刻精美，磉礅工艺精湛。

手工豆腐是岩板村的绝活，几乎家家做豆腐。各家秘方不一样，唯一相同的是原材料和工序，用的是发源于桑树坪高山之巅的泉水，经土壤千层过滤后到达岩板村，豆子为本地所种植，其他地方出产的黄豆不能用，浆水浓度达不到岩板村手工豆腐的标准。用当地的坚硬青岩石磨磨浆，土锅土灶，柴火加温制作，火候全凭手艺人自己掌控。制作豆腐的工具还有手式摇架、棉纱包袱、木制豆腐箱体等。工艺流程虽然一样，但艺人操作各随自己心意，时间、力度、温度、份量全凭自己控制，因此，家家豆腐香，但香味各不一样。

岩板村的手工豆腐满足了远近四方的味觉，也成就了一些美谈，本村人都特别长寿，最年长的已经107岁，且仍然自食其力，豆腐是长寿食品又一次被证实。受手工作坊所限，村内商业化程度不高，村民一般在风雨桥上一边聊天一边卖豆腐，以养家糊口。

桐麻村
——古院落

桐麻村位于革勒车镇西部，距离革勒车镇8千米，平均海拔760米，位于连绵群山的上部，依山而建，视野开阔，满山红石林点缀村庄的青山秀水。

村落历史悠久，有文字可考的记载在明清时期。村中现有百年以上的古井两口，其为村民生活用水的主要水源，至今仍在使用。村庄现保留有巴盐古道一段，长度约500米，是旧时通往外界的主要道路。

桐麻村传统建筑保存良好，整个村落传统建筑数量多且集中，传统木制建筑占全村建筑面积的80%以上，为榫卯结构，面阔三间，单檐悬山式屋顶，上盖小青瓦，再配以少量的附属建筑，且多以院落形成块状相邻分布，以向家寨等三个院落较为著名，院落之间相距约2千米，院落间有水泥路相连接，交通便利。

茶时到虎院落坐落在一个坡地之上，建于清朝，为全木质结构，多呈"一"字排列座子屋，现有20户人家居住于此，保存至今，100年以上的建筑有12栋，其中一栋吊脚楼建于院落之中，整体结构保存较好。茶时到虎院落的形成与巴盐古道联系紧密，它过去曾是古道上的"茶水站"，"茶时到虎"是土家语"阿扯时到呼"的音译，"阿扯"是"茶"的意思，"时"是"烧"的意思，"到呼"是助词"得了"意思，翻译成汉语就是"烧茶得了"，土家族人民看见驿道上的客商来了，就会吩咐伙计可以烧茶水了。

地坨院落为桐麻村最大的院落，传统建筑十分集中，院落整体风貌保存良好，现存木质传统建筑共45栋，100年以上的建筑有6栋。向家寨共有传统建筑15栋，百年以上房屋2栋，整个院落没有现代平房，所有房屋依山就势而建，院落隐蔽于树林之中，错落有致，整体风貌保存良好。向家寨院落呈L形布局，以"一"字形的房屋为主体结构，根据不同的地势和需要，在某一头的末端向前加建一至两间，楼下架空的厢房形成吊脚楼。

锁洞村

——古寨古树

锁洞村隶属于旧司镇，地处老峡河两岸，风景优美，上游接旧司镇，下游出老峡口就是绿水镇地界。锁洞村并无较大洞穴，关于名称由来，本村人也是一头雾水，说不出原因。有一种说法比较流行，即老峡河纵贯锁洞村，河两岸高山夹峙，上下游都是峡口，如一把锁锁住该村的两头，洞天福地，故名锁洞。其实，该村村名是一个土家语与汉语结合的地名，比较古老。"锁"字，为土家语音译，意思是"雾"；"洞"在这里应该是过去的"峒"转化而来，此地属于大旺土司辖地，过去有"蛮不出境，汉不入峒"一说，各安本分。久而久之，因此地有河，由"峒"而演变为"洞"，因此，"锁洞"的意思就是一个有雾的地方，现实中的村庄也确实如此，河谷狭长，四季均多河雾，当地人也叫河罩。

好茶一般出产在有雾的地方，且地形地势相对较高，好山、好水、好茶共生。锁洞的一组和二组所处的地方叫甜茶坪，就是一个出好茶的地方，此处产的茶，口感纯正，初品微甘，时久回味，甘之记忆不去。

古村必有古树和古寨。来凤县文物部门曾挂牌保护小坪湾邹家大屋，遗憾的是2013年正月初四整体被烧毁，片瓦无存。目前比较有观赏性的就是甜茶坪的古寨与古树。甜茶坪古树群落规模大，与古寨实为一体。甜茶坪古寨保存完好，位于黑山山腰部，村口新修了一栋两层砖混结构的平房，多少破坏了寨子的整体美感，其余均为木制结构的青色瓦房，错落有致。据村委会邹吉云说，寨子兴旺时有300多人。甜茶坪古树群落位于村寨两端，仅来凤县林业部门挂牌保护的古树就有25棵，其中枫树4棵，树围最大的4米，高约50米；松柏15棵，最粗一棵树围3.7米；黄栗、青冈2棵，树围分别达3.8米、4.8米；水红树4棵，树围均在3米以上；另有楠竹1500亩。

锁洞村民国时期的故事绕不开向卓安，向卓安乃民国时期的来凤强人，湘鄂西著名匪首。曾任黔军四十三师独立旅旅长，还兼任过宣（宣恩）来（来凤）咸（咸丰）三县联防副指挥。向卓安是旧司镇螺蛳塘人，得势后在锁洞八组盐井溪修建大屋，土改时分给贫苦农民居住，后拆毁，现已无迹可寻。据村中年长者回忆，向卓安大屋气势恢宏，前面一栋五柱四骑，后面一栋五柱五骑，占地约2亩，两个天井并列，中间一个六角亭。向卓安大屋的地理位置独特，位于老峡河右岸，河两端的旧司镇和绿水镇去往向卓安大屋均须撑船过河，旧时河面无桥，老峡河成为防守的天然屏障，易守难攻，大屋后面有道路通螺蛳塘，它们互为保障，相互支援。

红沙田村
——古树

　　来凤县有三棵古树列入由全国绿化委员会办公室编写的《中华古树名木》，分别是古杨梅树、古红椿树、古枫杨。其中古红椿树、古枫杨生长在旧司镇红沙田村二组，它们之间相距不到十米，这两棵树的树龄分别为250年和300年，树围约6米。这棵古红椿树，当地村民称它为毛椿树，传说是毛子云所植，另一棵古枫杨，别名叫麻柳树。村民介绍说，原来有三棵古树，修高洞新峡桥时砍掉了一棵。

遗珍

龙桥村
——风雨桥

旧司镇龙桥村以建于清代的龙桥而得名。龙桥，古时叫兴隆桥，也称之为龙家桥，因避战乱而从贵州苗寨迁徙到湖北省来凤县的龙氏族人在此修建的风雨桥，后来被称为龙桥。龙桥位于来凤县旧司镇新峡水库上游约15千米处龙桥村八组，距来凤县城约30千米。此桥地处交通要冲，是过去盐道的关键节点，它连接旧司镇和革勒车镇两地。村中老人讲述，1935年红军从湖南省龙山县招头寨赶往革勒车镇，在三胡乡胡家沟发起阻击战，红军就是经由此桥到达革勒

龙桥村风雨桥（龙金升　摄）

· 255 ·

车镇。此桥由龙公首倡，建于清光绪二年（1876年），系石台木面桥，俗称凉亭桥。桥面有九间木架瓦顶，两侧设有木质栏杆及固定的长条凳，桥两端各有一间"偏厦"，重檐结构，造型精巧别致，富有民族特色。

据传，村民为了方便生产、生活及往来人员的便利，在距现今桥下游约50米处的河流中央大石上凿孔四处，立大木成中墩，连接两岸搭建成最原始的木桥。但因架桥简单，屡遭洪水冲毁，人们屡毁屡建。龙姓村民讲述先祖龙通成忧虑河水泛滥，决心修建一座坚固的风雨桥，后历经艰辛，完成使命。龙通成离世后葬于距现今桥上游左岸100米处的岩洞里，龙氏子孙为龙公立有墓碑。

据龙光珍介绍，第一代龙桥系苗式木质结构，长约40米，桥面过道宽约4米，两边设有护拦和休闲座位。桥内空高超过4米，桥中央建有一亭三檐，高约10米，桥柱由若干穿枋相连，瓦盖，桥梁由8根双人合围的柏树组成，桥下三墩，中墩高约16米，墩下地质结构为青石岩脉，非常牢固。桥上立有6块碑，碑文记载建桥原由及捐资者姓名。

1979年春，一场特大暴雨把龙桥摧毁。1981年，龙桥村八组和九组村民集资出力简单对其进行恢复。1982年，当时三合公社指派专人主持修复此桥，经过半年努力，一座由木工掌墨师姚祖清等修造的又一座风雨凉桥成功屹立于原址。龙桥历经岁月沧桑，木质桥面腐朽成为危桥，重修此桥刻不容缓。2017年，旧司镇人民政府重修此桥，以水泥仿木做桥梁，木材、青瓦做桥身，极具民族风格的吊脚楼式风雨桥落成。2018年5月10日正式竣工通行。

马家沟村
——塘坊

旧司镇马家沟村,东邻都司界,南接岩朝门,西靠本县大河镇的枫香坪,北与四方石、柏杨交界。该村历史上马姓居多,因此得名,但现在并无马姓人家在此居住,而是段、黄、邢、刘、张、田等姓氏的人在此安家兴业。全村共八个村民小组,自南而北依次分布在两山脉之间的平坝上。村委会位于六组,坐西朝东,面朝都司界大山,后山名虎头堡。虎头堡属于战略要冲之地,旧司到革勒车的官道经由此过,从旧司马齿寨大旺司所旧址到此地一马平川,现统称水田坝,继续往前去革勒车镇就是高山深谷,多艰难险峻。据《来凤县志》(清同治版)记载,来凤建县之后,曾在此设水田坝塘,派兵丁5名驻守,以保驿道平安畅通。早期的水田坝范围很小,仅只塘坊周边这一块大坝子。塘坊附近更小范围叫官田坝,此处是塘坊,常年有驻军,屯田于此,故名官田。马姓人家也许是随兵丁到此谋生,塘坊随清亡而撤销,马姓人家迁往他处,而地名犹存。

水田坝塘坊遗址位于村委会办公楼右前方,房舍毁坏较早,但军事工事一直保存到20世纪70年代末,共有3个堡垒,位于长条石铺就的驿道两侧,堡垒边驿道旁立有石碑,碑上刻有"塘坊"二字,其他字迹模糊不可辨。后现代交通替代驿道,青石板驿道被水泥公路覆盖,遗址彻底消失。

驿道上下两端建起了凉桥,方便商旅之人休息,位于二组、三组交界之处的是周家湾凉桥,六组和七组之间的官田坝凉桥相对小一些,两座凉桥均毁于1968年的特大洪水。因古驿道而兴的寨子规模不断扩大,形成了张家院子、段家院子、邢家院子、黄家院子等,张家老屋系吊脚楼群,共6个天井,毁于民国时期。

白果树村
——冉家坡剿匪战场遗址

冉家坡山脉横亘巴盐古道旁边，离大河镇 3 千米，地处通往重庆市酉阳县的交通要道，位于芭蕉溪村、落角塘村、白果树村之间，主脉位于白果树村，从此山脉有小路可通往咸丰县。冉家坡山脉的主脉伸向芭蕉溪村七组，占据此山至高点，远可观察酉阳、咸丰、来凤三个方向的动向，近可观大河、旧司两个镇的情况，战略位置凸显，乃兵家必争之地。1950 年 5 月在此发生了冉家坡剿匪战。

据史料载，冉家坡剿匪战是一系列湘鄂川黔边剿匪中的一场著名战斗。1950 年 5 月，湘鄂川黔边著名匪首瞿波平纠集杨树臣、向受伯和田采臣等匪部共约 1000 余人枪，企图反攻新建立的人民政权。5 月 30 日，按恩施军分区命令，来凤县大队和咸丰县大队以及来凤县大河镇中队受命围剿聚集在冉家坡的土匪。战斗进行得异常惨烈，经 7 个多小时的战斗，共打死打伤匪徒百余名，打死匪方营长 1 名、连长 2 名，缴获大量武器弹药。

在此次战斗中，咸丰县大队从咸丰县坪坝营经大河杉木塘村过来，从后方包抄，因向导不熟悉路，加之轻敌，遭敌偷袭，一度战局十分被动，土匪未能全歼。白果树村、芭蕉溪村、落角塘村各族群众积极支前，为战争提供后勤支援。杨昌红老人冒着生命危险主动给解放军带路，老人现已去世。现年 86 岁的杨飞宁置个人安危于度外，几次往返前线背伤员下火线，他至今还记得解放军咸丰县大队的金班长，是他把金班长背下火线。

此次战斗解放军战士伤亡达 70 余人，其中牺牲 19 人。为纪念此次战斗，悼念革命烈士，来凤县人民政府在位于冉家坡山下的芭蕉溪村七组修建了烈士陵园，现已成为革命传统教育基地。

遗珍

独石塘村
——张家院子

大河镇独石塘村位于大河镇西北部，距离大河镇8公里。

独石塘村在20世纪80年代以前曾叫过红星大队，改革开放后恢复现名，村委会位于九组。老峡河环绕九组张家院子而过，清澈见底的河水从寨子右后方缓缓流来，在寨子前形成一条悠长的弧线，将寨前冲积成河滩沙地，然后恋恋不舍地从寨子左前方流向远方。河滩沙地日久形成扇形台地，后经人工改造成一片肥沃的稻田。在张家院子右后方，老峡河上游，河中有一块形状方正的巨石，受山势挤压和巨石影响，河流在此转弯形成深塘，巨石立于塘中。据村民讲述，就算洪水泛滥成灾，河水永远也淹灭不了巨石顶部，故

大河镇独石塘村张家院子（张昌俊　摄）

该村名独石塘。

张家院子共 13 栋古老的木房子，错落有致，呈 4 排布局，现 33 户人家，兴旺时达 200 多人。张家院子是一个"红色院子"，涌现出了向国礼、陈和安、刘祖奎、向国安、姚自清等一批抗美援朝志愿军战士。向国礼，现已 90 多岁，1951 年参加抗美援朝战争。向老英雄抗美援朝期间获奖章数枚，1954 年回国，1957 年复员回来凤县张家院子务农至今。

由郑晓龙担任总导演的电视剧《功勋》共分为八个单元，讲述了 8 位功勋人物故事，其中《功勋之张富清的笑》讲述了战斗英雄张富清转业后扎根基层的故事。张家院子成为《功勋之张富清的笑》拍摄外景地，并在张家院子举行了隆重的开机仪式。

独石塘村以"独"闻名，远不止河中巨石和张家院子。河中巨石旁边，河的左岸临河的山叫牯牛背，牯牛背腰部有一绝壁，绝壁处有一大岩屋，岩屋有一扇半掩的石门，石门旁边有一根石蜡烛。可见独石塘村山川自然极其配合，玉成其"独"。独石塘村十一组有棵鸳鸯树，也叫夫妻树，需三人合围，此树由青冈和楠木各占一半，合成一体。本村有地名为岩缝窝，三方岩石，河水从中穿流而去。本村还有一条洞塘大堰，1958 年修建，从该镇独石塘与杉木溪交界处洞塘大坝取水，全长 20 多千米，惠及杉木溪、白水泉、黑家坝、大坟山几个村和大河坝居委会，灌溉老峡河两岸农田 5000 多亩。

电视剧《功勋之张富清的笑》外景地（刘亚东　摄）

龙潭坪村
——牛王庙

龙潭坪村位于来凤县大河镇西北边陲，距离镇政府约15千米。全村国土面积约17平方千米，森林覆盖率为90%以上，25000余亩林地，盛产楠竹，古树甚多，有猴栗木、金丝楠木等。耕地1790亩，出产丰盛，五谷杂粮均有。该村东接两河口村，西连咸丰县坪坝营镇，北依五道水村，南靠茶园坡村。

龙潭坪村有一座远近闻名的牛王庙，这与土家族、苗族的牛崇拜有很大关系。当地各民族同胞在每年农历四月初八都会聚集在牛王庙，举行隆重而盛大的牛王节活动。牛王庙位于四组，有200多年历史，古建筑保存基本完整，坐西朝东，牛王庙正前方就是青龙河，右边青龙山（南），山脉中央悬崖如一本书。牛王庙有两个天井，村民说原来供奉有很多菩萨，均为木制，遗憾的是后期损毁。据来凤县文物局资料显示，牛王庙，属古建筑，位于湖北省来凤县大河镇龙潭坪村的中坎，建于嘉庆年间，占地面积为309.8平方米，为两进三层重檐木构建筑。面阔三间，宽22.6米，进深13.7米，一进四柱五骑，二进五柱二骑。楼高三层，一层设有大神堂、禅房、僧舍、天井、厨房、杂物间，二层设祭祀堂，三层设藏经阁。2008年3月27日，牛王庙被湖北省人民政府核定公布为第五批湖北省文物保护单位。

关于牛王庙的来历，村中老人还有一种说法。村中原有两户人家，一家住山上，一家住山下，两家争强好胜，曾因一些小事情闹不和，关系紧张。当地人信风水，于是，山下的一家修建了一栋冲天楼，想以此挡住山上一家的好风水，矛盾更加激化。后来不知如何和解的，村民们也说不出所以然来。但从其他历史遗存可以大致厘清脉络，当地村民都遵从习惯，爱护村庄，珍惜友谊。有龙潭坪的款碑为证，此碑于光绪十五年（1889年）设立，约定全村人在大是大非面前坚持公平公正，在危险面前必须团结一致，在困难面前必须同舟共济。由此观之，一栋事关两家关系的冲天楼演变成一座事关全村团结的牛王庙也不难理解，有牛则灵，有了牛王庙，人们走出家庭，超越家族，村里村外的人们携手共进，共建家园，这是村庄团结的一个历史记忆。在龙与牛之间，分工巧妙，龙管山川自然，牛管人间伦理，地叫龙潭坪，庙叫牛王庙。

牛王庙（来凤县文物局提供）

桐子园村

——十八堡桐园往事与茶园新貌

桐子园村位于大河镇东南方，距离镇政府 2.5 千米，老峡河右岸，面积约 3.3 平方千米。来凤县历史上曾有"万担桐油下洞庭"一说，说明来凤桐油之丰盛。1953 年，湖北省政府授予来凤桐油以"来凤桐油，品质最优"锦旗；1958 年 12 月，来凤县荣获国务院"卯洞桐油，质量第一"奖状。这充分说明来凤桐油质量上乘。

桐子园的地形地貌被 20 世纪的"农业学大寨"彻底改造过，通过"三治"（治山、治土、治田），遂成今日地貌。过去的村貌叫九湾十八堡，湾是由于老峡河的蜿蜒东流，受山势折叠所致形成的河湾，堡是由于河湾形成曲折岸线，沿河右岸独立形成的山堡，尤其以独山堡著名，共十八个山堡，不规则状地分布在河湾线上。在十八堡与背山之间形成一开阔平坦的大坝子，桐子园的主要耕地就是这块大坝子，背山山脉就是该村的林地，林地面积为 2400 亩。这块大坝子曾做出重大贡献，抗战时期，此地为国民政府交了不少公粮，为前方将士少挨饿尽了全力。

桐子园村概貌（唐俊　摄）

桐子园现已找不到成片的桐子林，其何时退出村民的经济生活舞台，本次没有细查。但农业学大寨之前油茶树很多，山上油茶山下田，水土保持很好，村民还记忆犹新。1977—1978年，搞田园化建设时彻底毁了油茶树。过去除了种粮食，还种菜，但都无法脱贫致富。来凤县和大河镇领导带队考察恩施芭蕉茶园，决定在桐子园试种茶叶，于是2005年开始种茶，试种成功后开始大规模种植，现已发展茶园1200亩，如今的桐子园，茶梯满园，绿意盎然，犹如一颗璀璨的绿珠镶嵌在老峡河的右岸。

参考文献

[1] 来凤县志（乾隆丙子年纂）.校注本.北京：中国文史出版社，2017.

[2] 来凤县志（同治丙寅年纂）.校注本.武汉：湖北人民出版社，2017.

[3] 来凤县志（1866—1985）.武汉：湖北人民出版社，1990.

[4] 来凤县地方志编纂委员会.来凤县志(1983—2003)[M].北京：方志出版社，2014.

[5] 张良皋.武陵土家[M].北京：生活·读书·新知三联书店，2001.

[6] 宿白.中国石窟寺研究[M].北京：文物出版社，1996.

[7] 杨子林.来凤革命斗争史[M].贵阳：贵州民族出版社，1998.

[8] 来凤县文化体育局.来凤县文化体育志（1736—2014）[M].北京：中国文史出版社，2017.

[9] 叶德书，向熙勤.中国土家语地名考订[M].北京：民族出版社，2001.

后记
Postscript

  《来凤县传统村落》的编写,得力于各级领导的高度重视。自2018年7月27日,恩施州政协文化文史和学习委员会召开专题座谈会就"恩施州传统村落历史文化丛书"编撰征求意见并部署安排相关工作后,政协来凤县委员会党组高度重视,召开了专题会议部署落实。

  《来凤县传统村落》在成书过程中,恩施州政协领导和文史专家多次到来凤村落进行指导,州政协副主席张全榜、文化文史和学习委员会主任曾凡培深入仙佛寺村、舍米湖村、黄柏园村等传统村落进行实地考察,提出编撰建议。县政协田延初主席统筹全书,多次召集编撰组人员商讨调研和写作事宜,并亲往有关村落调查,了解成书过程,四次审读修改文稿。县政协滕建刚副主席带领本书编撰人员深入土家寨村、五道水村、冷水溪村等进行细致田野调查。县政协文化文史和学习委员会副主任刘亚东兢兢业业,做了大量行政、资料整理、文案编写工作。

  全书由龚志祥统稿修订。本书概述、仙佛寺村、板沙界村、腊壁司村、五道水村、冷水溪村、鼓架山村、土家寨村由龚志祥撰写完成,赵春峰提供部分

后记

鼓架山村材料。舍米湖村、兴安村、南河村、渔塘村、田家寨村由滕树勇撰写完成。杨梅古寨由赵春峰撰写完成。附录部分百福司镇、漫水乡、绿水镇传统村落条目由滕树勇撰写完成，翔凤镇、三胡乡、革勒车镇、旧司镇、大河镇传统村落条目由龚志祥撰写完成。本书由黄康绘图，图片编辑由唐俊完成，黄冈师范学院教授曾军及舒勤、刘亚军、刘晓兰、杨志远等政协委员对全书进行了核对。由于时间有限，以及调查人力物力所限，错误在所难免，敬请批评指正。

书中历史资料、图片照片部分由县政协文史委、县档案馆、县住建局、县文旅局、县民宗局提供，部分照片由本书撰写者实地拍摄，县摄影爱好者提供部分照片。土家语解读释义得到吉首大学陈廷亮教授，湘西州龙山县彭英子、向邦平等专家的大力支持。本书由来凤县政协主持撰写，志在记录传承来凤优秀传统村落文化，助力来凤乡村振兴战略的实施。在此一并致谢所有为本书付出辛勤劳动的人士，如有遗漏，敬请海涵！

编　者